The Social Contract

社会契约论

（Jean-Jacques Rousseau）

【法】卢 梭

江西人民出版社

图书在版编目(CIP)数据

社会契约论 / (法)卢梭(Rousseau,J. J.)著; 孙笑语译.
— 南昌 : 江西人民出版社, 2010. 10
ISBN 978 - 7 - 210 - 04604 - 2

Ⅰ. ①社… Ⅱ. ①卢… ②孙… Ⅲ. ①政治哲学 - 法国—近代 Ⅳ. ①D095. 654. 1 ②B565. 26

中国版本图书馆 CIP 数据核字(2010)第 187962 号

社会契约论
出版发行: 江西人民出版社
印刷: 北京嘉业印刷厂
开本: 710 × 1000mm 1/16
印张: 13. 25 字数: 142 千字
2010 年 11 月第 1 版 2010 年 11 月第 1 次印刷
书号: ISBN 978 - 7 - 210 - 04604 - 2
定价: 21. 00 元

目录

译者前言

《社会契约论》（又名《民约论》、《政治权利原理》），是法国思想家让·雅克·卢梭的名著。其“主权在民”的思想，奠定了现代民主制度的基础。

本书讨论了国家与人民、国家与法律、自由与平等、国家与社会等问题。对于当时的各国资产阶级来说，卢梭独特的见解是最有号召力的旗帜，也是强有力的武器。他们据此反对封建主义和宗教封锁，进行资产阶级革命，并在革命胜利后参照其理论建立本国的政治、法律制度。美国的《独立宣言》和法国的《人权宣言》及两国的宪法，均体现了《社会契约论》的思想。

卢梭有一句广为人知的名言：“人是生而自由的，却无往不在枷锁之中。”这句话，既是他人生经历、独特性格的写照，同时也是理解其政治思想的一把钥匙。简单地说，《社会契约论》谈的就是“自由”与“枷锁”之间的关系。他所谓的“社会契约论”，既具有政治学、社会学方面的意义，同时，骨子里又是对每个活生生的人的关照。正因为如此，这本学术性很强的著作，才处处闪耀着人性的光辉；正因为如此，这部书才既是深刻的，又是亲切的，既关注“大我”，也关怀“小我”。

本书翻译所依据的底本，是学术界通行的版本（1762年荷兰版）。另外，又在附录里补充了另一版本——《日内瓦手稿》——中的部分内容，使全书的内容更加完整。另外，对当前流行的另几个汉译本也有所参照，力求能够取长补短，给读者提供一个更轻松的阅读体验。

译者·2010年9月

前 言[1]

我以前曾有一个宏大的计划，就是写一部长篇著作[2]。但是，后来完成一部分后却放弃了。这篇简短的论文[3]就选自我已经完成的那一部分，这些内容我认为是最重要的，而其余的我就全部丢弃了。

1 本书发表于1762年，当时作者署名为“日内瓦公民——让·雅克·卢梭著”。不过，令他没有想到的是，恰恰是他热爱的日内瓦对他这本书谴责得最厉害，日内瓦方面说这本书“胆大妄为的，可恨的，亵渎神灵的，并试图打破教会和推翻各国政府的”。——译注

2 一部长篇著作：指《政治制度论》一书。作者原打算写《政治制度论》一书，并且已经完成了一部分。但是，他感到完成这部巨著需要的时间太长，就把已经完成的一部分抽出来组成了本书，而剩下的内容，他就扔掉了。——译注

3 卢梭这句话是1762年说的，说得很谦逊。卢梭没有料到的是，时隔27年之后，到1789年法国大革命一爆发，他这篇“简短的论文”不仅可供摘录，而且变得家喻户晓，广为人知。人们一谈到“自由和平等”，一谈到人民是“国家的掌权者”，人民的主权“是不可转让的”，就要从他的《社会契约论》中寻找依据。这本书已被人们视为推翻君主专制和建立民主政治的理论武器。——译注

第一卷

从人类的实际情况与法律的可能性出发，我试图在社会秩序中，找到一种正义的而又确实可行的行政规则。为了这个目标，也为了使人民对正义与功利二者不致有所分歧，我会尽力把权利所许可的和利益所要求的结合在一起。

我刚刚已经提到了本文要讲述的问题了，但我却没说明这个问题的重要程度。在这本论文里，我谈的是政治，人们因此会以为我是一位君主或是一位立法者。我当然不是，正因我不是君主或者立法者，我才要谈政治；假如我是的话，我就不会写这些东西了，我会直接把这些想法变为行动，不然的话，我就什么也不会说。

我是一个自由国家[1]的公民，也是掌权者成员之一，虽然我在公共事务中影响很小，但是，我决定去研究它们，因为我起码有对公共事务的投票权。我常常对各个政府进行研究，并加以对比，发现我国的政府变得越来越好了！

1　自由国家：指日内瓦。卢梭在写这本书时为日内瓦的公民，但本书出版后，却被日内瓦当局禁止出版。在不得已的情况下，卢梭放弃了自己的公民权。——译注

第01章　第一卷的宗旨

人是生而自由的，却无往不在枷锁之中。有些人自以为是一切的主人，但他们其实只是一切的奴隶。这种变化形成了，不仅如此，还成为合法的了。这是为什么呢？对于这个问题，我相信我能回答。如果我仅仅考虑实力（见本书第1卷，第3章）以及由此所得出的结果，我就要说："当人民被迫服从而服从时，他们做得对；但是，一旦人民可以打破自己身上的桎梏，从而打破这种境况，他们就做得更对。因为，人民正是根据别人剥夺他们的自由时，所根据的那种同样的权利来恢复自己的自由的，所以人民就有理由重新获得自由；否则别人当初夺去他们的自由就是毫无理由的了。"社会秩序是为其他一切权利提供基础的一项神圣权利。然而这项权利决不是出于自然，而是建立在约定[1]之上的。问题在于要懂得这些约定是什么。但是在谈到这一点之前，我应该先确定我所要提出的东西。

1　约定：指社会契约。在卢梭以前，霍布斯的《利维坦》一书、洛克《政府论》一书都提到过社会契约的问题。——译注

第02章　论原始社会

在原始社会里，家庭[1]是一切社会之中最自然的社会。那时候的孩子，在还没有成人的时候，是需要父亲养育的。但当孩子长大的时候，孩子们就解除了他们对于父亲应有的服从，停止了依附父亲的这种需要；而对于父亲来说，在孩子长大后，也不会再像以前一样照顾孩子。当然，如果他们愿意，可以不分开，但这就不是自然的事情了。如果他们依然继续生活在一起，那就得靠一些约定俗成的东西[2]来维系家庭关系。

人一生下来就有自由的权利，每个人都不例外，这是由人性决定的。维护自身的生存是人性的首要法则，因此，人们会对自己所需要的东西极为关注。当一个人成熟到可以自行判断维护自己生存的适当方法时，他就是一个独立的人了，真正的属于自己了。

要想了解政治社会，我们可以先以这种原始家庭为参照：假如说人民就是孩子，首领就是父亲；很显然，他们都是自由、平等的，但

1　卢梭在《论政治经济学》中也有关于以家庭为喻的例子："治国怎能和治家一样呢?父亲的身心自然强于子女，只要子女需要父亲的保护，父权就可以合理地说是天所赋予的。但是，在一个大家庭里面，它的全部成员天然平等，政权就其制度来说是全然专断的，所以只能建立于协议基础之上，而行政官除了依靠法律就无法对百姓行使权力。父亲所负的义务乃是天性所委于他的，天性不容许他忽视这些义务。统治者就不是这样，他们只是在他们自己答应人民去做，因而人民有权要求他们去做的事情上，才真正对人民负有责任。"——译注

2　约定俗成的东西：指家庭伦理道德。——译注

有的人为了自己的利益而失去了自由。原始家庭和政治社会毕竟还是不同的：在家庭里，孩子孝顺就能报答父亲的养育之恩；但是，首领对他的人民是没有这种“父爱”的，所以，他开始命令他的人民。

格劳修斯[1]经常用事实来确定权利的这种推论方式，他以奴隶制为例，说明了人类一切权利都应该是为了有利于被统治者而建立的是不正确的。一直以来，暴君们都依靠这个观点来加强自己的统治。

到底全人类是属于某一百个首领，还是那一百个首领是属于全人类，格劳修斯认为这个问题没有确定的答案。但是，他的书里曾写过，他更认可前一种观点。巧合的是，霍布斯[2]也是这样认为的。基于这样的观点，人类就像牲口一样被分成一群一群的，每一群里有一个首领。首领会保护[3]自己管辖的这一群，但并不是出于什么好心，而是为了吃掉他们。

---

1 **格劳修斯：荷兰法学家（1583—1645），近代西方资产阶级思想先驱，国际法学创始人，被**人们尊称为“国际法之父”与“自然法之父”。其名著《战争与和平法》不仅是重要国际法著作，而且是西方资产阶级人权学说的基础自然法或自然权利理论的开创性著作。格劳修斯是近代西方启蒙思想家中第一个比较系统地论述理性自然法理论的人。格劳修斯认为，国际法是“支配国与国相互交际的法律”，是维护各个国家的共同利益的法律，它的目的在于保障国际社会的集体安全，正如“一国的法律，目的在于谋求一国的利益，所以国与国之间，也必然有其法律，其所谋取的非任何国家的利益，而是各国共同的利益。这种法，我们称之为国际法”。格劳修斯在国际法领域中提出了一系列较为完整的原则，这些原则对国家关系的调整起到了积极的作用，尤其是对后来国际法理论的发展产生了深刻影响，被称为“国际法之父”。这里所说的格劳修斯的观点，出自格劳修斯《战争与和平法》一书。——译注

2 **霍布斯，即托马斯·霍布斯(1588—1679)，英国政治家、思想家、哲学家。曾经做过培根的秘**书，深受培根思想的影响。英国资产阶级革命期间，一度移居法国，克伦威尔执政时，返回英国。此后，他的思想得到了传播。他创立了机械唯物主义的完整体系，认为宇宙是所有机械地运动着的广延物体的总和。他继承了F.培根的唯物主义经验论的观点，但把逻辑的思维看作是观念的加或减的机械运算，认为几何学和力学是科学思维的理想楷模。他力图以机械运动原理解释人的情感、欲望，从中寻求社会动乱和安宁的根源。他提出“自然状态”和国家起源说，认为国家是人们为了遵守“自然法”而订立契约所形成的，是一部人造的机器人，反对君权神授，主张君主专制。他把罗马教皇比作魔王，僧侣比作群鬼，但主张利用“国教”来管束人民，维护“秩序”。著有《论物体》、《利维坦》、《论人》、《论社会》、《对笛卡尔形而上学的沉思的第三组诘难》等。作为早期著名的启蒙思想家，霍布斯代表了英国资产阶级革命期间资产阶级上层的利益，但其思想也带有明显的封建落后意识。他不反对君主专制，甚至承认专职政权有干涉臣民财产的权利。他认为世界上本没有神，宗教不过是人类无知和恐惧的产物，但又提出宗教有助于维持社会秩序。——译注

3 **卢梭在《论人类不平等的起源和基础》中说：“社会中的公民则终日勤劳，而且他们往往为了**寻求更加勤劳的工作而不断地流汗、奔波和焦虑。他们一直劳苦到死，甚至有时宁愿去冒死亡的危险，来维持自己的生存，或者舍弃生命以求永生。他们逢迎自己所憎恶的显贵人物和自己所鄙视的富人，不遗余力地去博得为那些人服务的机会，他们骄傲地夸耀自己的卑贱，夸耀那些人对他们的保护，他们以充当奴隶为荣，言谈之间，反而轻视那些未能分享这种荣幸的人们。”——译注

一般来说，牧羊人的品质一定比羊群的高，而首领就相当于牧羊人，以此而论，他的品质是高于人民的。费龙[1]写过这样的事：依据上述推理，卡里古拉皇帝[2]做出这样的结论：君王都是神明的，而人民都是畜生。

这位皇帝的观点到现在依然还有市场，霍布斯和格劳修斯就赞同这样的推论。其实早在他们之前的亚里士多德[3]，也曾说过人根本不是天然平等的[4]，一些人天生就是统治者，而另一些人天生是作奴隶的。

亚里士多德说："一些人天生是做奴隶的"这句话只说对了一半，因为这句话是有前提的。有一个事实：在奴隶社会，人生下来就只能作奴隶。奴隶们的自由被奴隶主剥夺了，他们的一切都是属于奴隶主的。慢慢地，奴隶们习惯了自己被奴役的生活，甚至丧失了摆脱这种枷锁的愿望；不仅如此，他们还开始爱他们的奴隶主了，就像尤利西斯[5]的同伴们爱自己的畜生一样。所以，如果真的有人生下来就是奴隶的话，那一定是因为他甘愿做奴隶。当然，一开始是没人愿意

1 费龙：公元一世纪时的犹太哲学家，公元39—40年曾出使罗马，在出使期间见过卡里古拉。——译注

2 卡里古拉：罗马皇帝（公元37—41年在位）。——译注

3 亚里士多德（前384—前322），古希腊斯吉塔拉人，世界古代史上最伟大的哲学家、科学家和教育家之一。亚里士多德师承柏拉图，主张教育是国家的职能，学校应由国家管理。他首先提出儿童身心发展阶段的思想；赞成雅典健美体格、和谐发展的教育，主张把天然素质，养成习惯、发展理性看作道德教育的三个源泉，但他反对女子教育，主张"文雅"教育，使教育服务于闲暇。亚里士多德一生勤奋治学，从事的学术研究涉及到逻辑学、修辞学、物理学、生物学、教育学、心理学、政治学、经济学、美学等，写下了大量的著作，他的著作是古代的百科全书，据说有四百到一千部，主要有《工具论》、《形而上学》、《物理学》、《伦理学》、《政治学》、《诗学》等。他的思想对人类产生了深远的影响。他创立了形式逻辑学，丰富和发展了哲学的各个分支学科，对科学等作出了巨大的贡献。马克思曾称亚里士多德是古希腊哲学家中最博学的人物，恩格斯称他是古代的黑格尔。——译注

4 卢梭在《论人类不平等的起源和基础》中说："大家都承认，人与人之间本来都是平等的，正如各种不同的生理上的原因使某些种类动物产生我们现在还能观察到的种种变型之前，凡属同一种类的动物都是平等的一样。不管那些最初的变化是怎样产生的，我们总不能设想这些变化使人类中所有的个体同时同样地变了质。实际上是有一些人完善化了或者变坏了，而另一些人则比较长期地停留在他们的原始状态。这就是人与人之间不平等的起源。"——译注

5 尤利西斯：希腊史诗《奥德赛》中的英雄。——译注

做奴隶的，实力还是使有些人成了第一批奴隶，这些奴隶之所以永远当奴隶是因为他们自己的怯懦。

三大君王划分了全世界，在他们的身上，有人认为也可以看到像萨土林的儿子[1]一样的行为，而他们的父亲亚当王[2]或者诺亚皇[3]，我在这里却完全没有谈到。我没有这样做，是因为我谦逊，试想一下，假如考订起族谱来，我被发现是全人类合法的国王怎么办呢？因为我毕竟是这些君主之一的后代。不管怎么说，亚当曾是全世界的掌权者，这是大家都承认的，也是毫无疑问的。就像那漂流到荒岛上的鲁滨逊[4]一样，他就是岛上的掌权者，因为他是岛上的唯一居民。鲁滨逊这个荒岛上的君主，有一点是现实中的君主比不了的，那就是不必害怕叛乱、战争或者谋篡，他只要还在这里活着，就永远是君主。

1　按传说，萨土林（古罗马人的农神）曾与迪但订约，生子之后，要亲自吃掉自己的儿子。后来，他的儿子周彼得篡了他的位，并且把他驱逐出天堂。——译注

2　亚当：根据《圣经·创世纪》记载，耶和华造就一男一女，男的称亚当，女的称夏娃。亚当是用地上的尘土造成的，夏娃则是耶和华取亚当身上的肋骨造成。二人住在伊甸园中，后来夏娃被蛇所骗，偷食了知善恶树所结的果，也让亚当食用，二人遂被耶和华逐出伊甸园，成为人类的祖先。《古兰经》中的记载也大体相同，只不过不是根据真主的肖像，以及不是取肋骨造人。——译注

3　诺亚：传说《圣经》中的一个人物。据《圣经》记载：诺亚是拉麦的儿子，他活了950岁。在他500岁时，诺亚生了三个儿子：一个叫做闪，一个叫做含，一个叫雅弗。上帝说打算将人类和走兽、昆虫以及空中的飞鸟消灭。但是，他又舍不得把他所造的生物全部毁掉，他希望新一代的人和动物能够比较听话，悔过自新，建立一个理想的世界。在罪孽深重的人群中，上帝认为诺亚是一个很守本分的人。所以，上帝在使世界上爆发大洪水之前，告诉诺亚要造一只方舟。洪水来临后，诺亚一家躲在方舟中，得以平安无事。诺亚三个儿子的宗族，各随他们的支派立国，洪水以后，他们在地上分为邦国。——译注

4　鲁滨逊：英国小说家笛福的小说《鲁滨逊漂流记》的主人翁。在这本小说中，鲁滨逊随船漂流到一个荒岛上，只有他一个在那里独自生活。笛福(1660—1731)，英国小说家，代表作《鲁滨逊漂流记》，是英国18世纪启蒙时期现实主义小说的奠基人，被誉为“英国小说之父”。——译注

第03章　最强者的权利

最强的人除非能把自己的实力转化为权利，把服从转化为义务，否则的话，最强的人也不可能永远强下去，更不会永远做主人。表面上看来，这种最强者的权利像是讥讽，但实际上，它已经被确定为固定的东西了。所以，我想给大家解释一下这个词。我看不出实力具有什么道德约束力，它只是一种物理的力量而已。普通人一般都会屈服于实力，但这并不代表他们内心就愿意这么做，在实力面前，也许屈服是最好的选择。那么，实力在什么情况下才可能是一种义务呢?

这种所谓的权利是不存在的，就算有，也只会产生一种自相矛盾的观点。因为权利只要是由实力形成的，结果也就随着原因而改变了。一旦有一种力量可以超越前一种力量，它也就继承了前者的权利。人们不服从的时候，发现自己没有受到惩罚，那他们以后就不会再服从；既然最强者总是对的，关键就是怎样才能成为最强者。然而，当实力停止后，权利也随之消失，这样的权利又是一种什么权利呢？如果服从都是靠实力来实现的，那么人就无须通过义务来服从了；所以，只要人们的服从不再是被迫的，那他们也就不再有义务服从了。由此可见，权利一词并没有给实力增添任何新东西，它在这里没有任何意义。

“你应该服从权力。”这句话告诫我们应该向实力屈服，它虽然很好，对我们来说确实可有可无的；我相信绝不会有人敢违反这句话。我承认一切权力都来自上帝，但是，一切疾病也都来自上帝。难道因为这样就不准人看病吗？假如我在荒无人烟的森林里遇到了强盗；在他的胁迫下，我必须交出身上的钱；假如我瞅准机会把钱包藏了起来，在良心上来说，难道我也要不得不把它交出来吗？因为严格来说，毕竟强盗拿着的武器也是一种权力啊。

最后，我们可以得出这样的结论：对合法的权力，人们才有服从的义务，而实力并不构成权利。这又回到我最初的问题上来了。

第04章　论奴隶制

在上一章的论述里，我们知道，对于自己的同类，任何人都没有任何天然的权威。也就是说，实力并不等于权利，那人类的一切合法权威的基础只有靠约定来形成了。

格劳修斯说过这样的话：如果一个人可以出卖自己的自由，去做了某个主人的奴隶；那全体人民为什么就不能出卖自由，去做某个国王的臣民呢？假如为了自己的生活，一个人让自己成为一个奴隶，他虽然出卖了自己，但也无可厚非。可是全体人民呢？他们为什么要出卖自己呢？国王总是养活不了自己的臣民，而且他只是不断地从臣民那里索取自己的生活需要。拉伯雷[1]说："国王一无所有也是活不成的。"臣民为国王已经奉献了人身的自由，难道国王还想攫取他们的财产吗？我看不出他们究竟还剩下什么。

就算是专制者可以为他的臣民确保国内太平，但如果专制者野心勃勃，将可能带来战争。与人民自己之间的纠纷相比，专制者和他的官吏们骚扰人民的危害性更大。在这样的生活里，人民能得到什么呢！监狱里的生活很太平，但谁愿意去监狱？在西科洛浦[2]的洞穴

1　拉伯雷：1494—1553，文艺复兴时期人物，代表作是长篇巨制《巨人传》。《巨人传》揭露了中世纪教会的黑暗和腐朽，反映了文艺复兴时期人文主义者对资产阶级的个性解放的追求。他与屈原、哥白尼、何塞·马蒂一起被评为世界四大文化名人。——译注

2　西科洛浦：希腊神话中的巨人族，可以吞食人类。——译注

中，有被囚禁的希腊人，在那里，他们的生活很太平，但是，等待着他们的命运就是被吞掉。

一个人无偿地转让自己是荒谬的，是不合法的、无效的，这样一种行为是令人无法理解的。因为这样做的人已经失去了自我，丧失了理智。全国人民更不可能这样去做，除非全国的人都疯了，但疯狂是不能形成权利的。

就算我们可以转让自己，那我们的孩子呢？孩子是生而自由的，除了他们自己以外，任何人都无权干涉他们的自由。为了孩子的生存，也为了他们的幸福，父亲可以在孩子达到有理智的年龄以前，以孩子的名义订立某些条件；但是，把孩子转让给别人，那是万万不能的，因为这不仅超出了做父亲的权利，也违反了人类的规律。因此，一个专制的政府是不是合法，要由当世的人民说了算。人民可以决定究竟是承认它还是否认它，对它是否称职作出评价：假如有这样的政府的话，那它就不是专制的政府。

放弃自由的人就等于放弃了做人的资格、权利，自己的义务也就跟着放弃了。这样一种弃权取消了自己意志的一切自由，是不合人性的，我们无法补偿一个放弃了一切的人；而且他们这个时候的行为，已经没有一丝道德性了。最后，一项无效的而且自相矛盾的约定[1]在他和他的主人之间诞生了，规定一方是无限的服从，另一方是绝对的权威，做什么都是对的。如果你有这样一个奴隶，你可以让他做一切事情，当然是在他能力范围内的，他必须服从命令，而且我们还不用

1　孟德斯鸠《论法的精神》第15章，第2节：“另外，说一个人可以把自己卖掉，这也是不真实的。出卖就得有价钱，当一个人把自己卖掉时，他所有的财产归主人所有，主人什么也不付出，奴隶什么也得不到。人们也许会说奴隶有积蓄，但是这种积蓄是附属于人的。如果说不许自杀，是因为自杀等于逃避自己的祖国的话，那么就再不能允许一个人把自己卖掉。每个公民的自由是大众自由的一部分。在平民政治的国家，这种身份甚至是主权的一部分。公民出卖自己的身份是一种荒唐至极的事，使人简直不可想象作为一个人会干出这种事来。如果自由对买主来说是有价的话，它对于卖主是无价之宝。”——译注

对其承担什么义务。这是一件很清楚明白的事，从中我们可以发现，这种交换的本身就包含着这种行为的无效性，毫无公平性可言。因为，我的奴隶的一切都属于我，那么对于我来说，他是一点权利也没有的，更不可能有权利反对我。也因为奴隶就是我的，也听我的话，似乎成了我的一部分，那作为奴隶的主人，我当然也不会反对我的奴隶，因为反对他就是反对我自己[1]。

这种所谓奴役权的另一个起源，是格劳修斯和其他一些人从战争里发现的：在战争中，征服者可以杀死被征服者，这是征服者的权利[2]。如果被征服者想活命的话，就要用自己的自由来交换，也就是说，如果被征服者不想死的话，就得成为征服者的奴隶；这种约定看起来对双方都有利，似乎是合法的。

但是，这种约定的前提是征服者有权杀死被征服者，这个前提就是错误的。因为，生存于原始独立状态的人类，相互之间绝不存在任何经常性的关系，根本构不成和平或者战争；所以，他们绝不是生来就是仇敌。构成战争的是物的关系，而不是人的关系。既然战争状态只能产生于实物的关系，而并不能产生于单纯的人与人的关系。所以私人战争或个人与个人之间的战争就不可能存在于自然状态之中，因为那里还根本没有出现固定财产权；也不能存在于社会状态之中，因为那里的一切都处于法律权威之下。个人之间的殴斗、决斗或者冲突根本不能构成一种战争状态。被“上帝的和平”[3]悬为禁令的私人战

---

1 这里作者用霍布斯的观点来作为驳斥对象，这个观点出自霍布斯《利维坦》。——译注

2 孟德斯鸠《论法的精神》第10章，第3节：“我们的某些公法著作家们，以古代历史为基础，不以严格的事例为立论根据，从而陷入了极大的谬误之中。他们十分武断地做出结论；他们假定征服者得拥有杀人的权利，我不明白这是一种什么样的权利。他们从这一原则之中引申出令人可怕的推断。并且建立某些准则。然而即使如此，稍有理智的征服者也不会遵循这些准则。显然，征服一旦完成，征服者就不再拥有杀人的权利，因为，此时征服者已不处于自我防卫和维护本国利益的状态之中了。”——译注

3 上帝的和平：1035年，教会规定每星期四至下星期一早晨，不得进行战争，这段时间被称为“上帝的和平”。——译注

争，以及被法兰西国王路易第九[1]的敕令所认可的私人战争，都只是封建政府在滥用职权。假如可以称它为一种制度的话，那也是一种违反自然权利原理，违反一切良好政体的荒谬的制度。

因此，战争是国与国的一种关系，而不是人与人的一种关系；在打仗的时候，战争双方的两个人是对立的，他们是以兵士的资格才偶然成为仇敌的，而不是以人的资格，甚至于也不是以公民的资格；他们在战争时只是被作为国家的保卫者，绝不是被作为国家的成员。最后，在性质不同的事物之间，假如我们不能确定任何真正关系的话，一个国家是不能以人为敌的，而只能以别的国家为敌。

这项原则经过了一切文明民族的实践，它是符合一切时代所确立的准则的。宣战不只是向国家下通告，而且尤其是向它们的臣民下通告。在不向别国君主宣战的情况下，一个外国国王就带人进行掠夺、抢劫或者杀害别国臣民的行为是强盗行径，连敌人的称号他们都配不上。一个公正的君主，在正式的战争中，也会占有敌人国土上全部的公共所有物，但不同的是，他尊重个人的自由和财富。他自己的权利就是这么来的，所以他很尊重这一点。在战争的时候，一方固守，一方进攻，双方兵戎相见，难免会有死伤；不过，如果有一方放下武器投降的话，他们就成为单纯的个人，而不再是敌人或者敌人的工具。这时候，另一方就不能再将他们杀害，也就是说，当敌人投降时，接受投降的人不能杀害战俘。实际上，不动一兵一卒也可以消灭一个国家。战争的目的所必需的任何权利都是在战争中产生的。这些原则是得自事物的本性，并且是以理性为基础的；并不是以诗人[2]的权威为

---

1 路易第九：1214—1270，法国卡佩王朝第九任国王，1226—1270年在位，在历史上被称为圣路易。——译注

2 诗人：指格劳修斯。在他的著作中，出现大量的古代希腊、罗马的诗文。——译注

基础，也不是格劳修斯的原则。

征服权是存在于最强者的法则中的，但它的存在没有任何别的基础，也没有合理性。如果没有战争，那就根本没有赋予征服者以屠杀被征服人民的权利，那他这种他并不具有的权利，就不能构成他奴役被征服者的权利基础。人们只有在无法使敌人变为奴隶的时候才有杀死敌人的权利，所以，把敌人转化为奴隶的权利绝不是来自杀死敌人的权利。从而，使人以自己的自由为代价，来赎取别人无权支配的生命，就是一场不公平的交易。根据生杀权来确定奴役权，又反过来将奴役权建立在生死权之上。很显然，这就陷入一场恶性循环。

假如这种可以杀死一切人的可怕的权利真的存在，那么在战争中，被迫服从的奴隶或者被征服的人民，对主人是完全没有任何义务，我就是这样认为的。征服者对他们根本没有什么恩情可言，征服者掠夺了他们的躯体和生命。通过战争，征服者们既达到了自己的目的，又得到了奴隶。但是，在实力之外，征服者远远没有获得任何权威。征服者虽然俘虏了他们，但他们双方之间还是敌对的。他们之间的关系本来就是战争的结果，而战争权的行使则意味着不存在任何和平条约。他们之间也曾有过一项约定，但就算是这样，这一约定只是假定战争状态的继续，却并没有消灭战争状态。

综上可知，无论从哪一方面来看，奴役权都是不存在的；这不仅因为它是荒谬的、没有任何意义的，关键是因为它是非法的，奴隶和权利是互相矛盾的两个名词。因此，如果双方（双方的人数不限多少）之间准备订立这样的约定：“你只管做事，但利益完全归我。不管我高不高兴，我随时可以爽约，但你不管愿不愿意都得遵守约定。”很显然，这样的约定是很荒诞不经的。

第05章　最初始的约定

在前面的论述里，我曾反驳过一些观点，就算我现在同意这些观点，专制主义的支持者们依然还是找不到前进的道路。镇压一群人和治理一个社会有着很大的区别。一群人分散地住在一个区域，他们相继受制于一个人，也就是说，他们成了这个人的奴隶。无论他们的人数有多少，如果我看到他们的时候，没有看到人民和他们的首领[1]，只看到一个主人和一群奴隶。那么我就会这样认为：那不是一种结合，而只是一种聚集；这儿既没有公共制度，也没有公共幸福。那这个人就算奴役了再多的人，他也只是一个人而已；他的利益只是私人的利益，脱离了别人的利益。如果这个人出了什么意外的话，他的帝国也会随之瓦解，就像一棵被烧完的像树一样，化为一堆灰烬。

按照格劳修斯的说法，一个人可以把自己奉送给一位国王，这个人在把自己奉送给国王之前就已经是人民了。[2]这一奉送行为的本身就是一种社会的约定，它意味着某种公共的决议。所以，在研究人民依照什么约定选出一位国王以前，最好还是先研究一下，人民是依照什么的约定而成为人民的。因为后一约定是社会的真正基础，它也比

1　这句话是霍布斯的理论，出自霍布斯的《利维坦》。——译注

2　这句话出自格劳修斯的《战争与和平法》。——译注

前一约定出现得早。

选举是全体一致的，这一定经过了事先的约定，不然的话，少数人服从多数人的抉择就不会出现。比如，现在有一百个人同意某一个主人，而另外十个人是不同意这个主人的，那一百个人哪来的权利代替那十几个人进行投票呢？这是因为多数表决的规则就是一种约定的确立，而且这个规则被确立时是经过众人的一致同意的。

第06章　论社会公约

人类在社会发展的进程中，也许会遇到这样一种情况：原始的状态严重阻碍了人类的生存空间，为了生存，人类作了种种努力，但依靠个人的力量是远远不够的。如果这样的话，这种原始状态就不能继续存在下去了，人类如不改变生存方式就会很有可能灭亡。

但是，人类自身的力量是有限的，而且产生不了新的力量，只能联合现有的力量；克服这种阻力是人类生存的唯一办法，要做到这一点，就必须把个人力量结合起来[1]，形成一种巨大的总力量，然后向着共同的目标前进。[2]

要由许多人的汇合才能产生这种总力量，但我们知道，每个人都是自由的。在既不致妨碍自己，又不致使自己的利益受到损害的前提下，怎样才能把这么多的人联合在一起呢？关于这个问题的解决方法，也是我将要论述的主题，我有如下这样的表述：

“在每一个与全体相联合的个人不过是在服从自己本人，并且仍然像以往一样地自由的情况下，要寻找出一种结合的形式，使它能以

1　《卢梭的社会政治哲学》中提到“要寻求一种组合的形式，使它能够以全部共同力量来防御和保护每个参加者的人身和财富，通过这一组织与全体联合的人，实际上只是服从自己本人，并且仍然像以往一样的自由。”——译注

2　卢梭《论人类不平等的起源与基础》第1部：“随人类的发展，困难也就与之俱增，……人于是便与别人结合成群；……这就是人们之所以能不自觉地获得某种粗糙的相互订约的观念的由来。”——译注

全部共同的力量来维护和保障每个结合者的人身和财富。”

这就是社会契约所要解决的根本问题。

约定的性质决定了这个契约的条款，所以这个条约的条款是不可更改的，否则的话，它们就是无效的；尽管这些条款没有被正式地写进什么正规的章程，也从来没人在公众的地方宣读过，但无论在哪里，它都是被人认可的。每个人在这个社会公约遭到破坏时立刻会恢复他原来的权利，在丧失约定的自由时又重新获得了他为了约定的自由而放弃的自己的天然的自由。

这些众人默认的条款全部可以归结为这样的一句话：每个结合者和他全部的权利都转让给整个集体。对于所有的人来说，条件都是同等的，因为每个人都把自己全部地奉献出来，也正因条件对所有的人都平等的，也就没人想要使它成为他人的负担了。

其次，集体会尽可能地完美，因为个人的转让是毫无保留的，集体的完美让每个结合者不会再有什么要求。因为，如果个人保留了某些权利的话，那他在某些事情上就是自己的裁判者。这样的话，个人与公众之间不再有任何共同的上级来裁决。也由此产生极不好的结果，很快因为这个原因，不禁开始的那个人会要求他自己的事自己全部做主，其他人也会争相效仿。这时候契约就如同一张废纸，它或将成为封建专制，或让人们又回到原始状态，

最后，每个人并没有向任何个人奉献出自己，他只是把自己献给了全体；人们自己本身所让给他人的同样的权利，无论从任何一个结合者那里都可以获得，所以人们的得与失是相等的，但却获得了保护自身所有的更大的力量。

在社会公约中，如果我们撇开一切非本质的东西，会发现社会公约其实很简单，可以用这样的话概括：我们在共同体中接纳每一个成

员，使之成为全体不可分割的一部分，在公意的最高指导之下，我们每个人以及自身全部的力量贡献出来[1]。

这一结合行为就产生了一个共同体[2]，它是道德的、集体的，用来代替每个订约者的个人。共同体有多少个成员，大会中就有多少张票数。这个共同体自成立起，便有了自己的统一性，它有着自己的生命和意志。这一由全体个人的结合所形成的共同体被称为共和国或政治体，以前被称为城邦[3]；当它是主动时，就称它为掌权者；当它是被动时，它的成员就称它为国家；而把它和同类相比时，则称之为政权。这些一个个结合者就被称为人民，个别作为主权权威的参与者叫做公民，作为国家法律的服从者叫做臣民[4]。但是，我们在日常生活中，对这些名词往往分不清楚，老是把它们相互通用；当我们在做研究的时候，一定要知道它们的准确含义，而不能像平时一样。

1　卢梭在《爱弥尔》中说："好的社会制度是这样的制度：它知道如何能够最好地使人改变他的天性，如何才能够剥夺他的绝对的存在，而给他以相对的存在，并且把"我"转移到共同体中去，以便使各个人不再把自己看作一个独立的人，而只看作共同体的一部分。"——译注

2　共同体：指人们在共同的条件下结成的集体。——译注

3　城邦：古代城市国家，通常由一个中心城市和它周围的村镇组成。——译注

4　卢梭在《爱弥尔》中说："社会契约是一切文明社会的基础，我们只有根据这种契约的性质，才能阐明按照这种契约而构成的社会的性质。"——译注

第07章 掌权者

从上一章的表述中，我们可以知道，公众与个人之间的相互规约是这一结合行为的内容；也可以这样说，每个人都是在与自己订约。在这个约定中，个人有两种不同的角色：即对于掌权者，他就是国家的一个成员；而对于个人，他就是掌权者的一个成员。但是，在这一约定中，我们不能用“任何人都无需遵守本人对自己所订的规约”这一民法准则，因为个人对自己只构成其中一部分的全体订约与自己对自己订约的区别是很大的。

还有一点必须注意。对每个人来说，都必须考虑两种不同的关系。也正因如此，公众的决定可以责成全体臣民服从掌权者，但对掌权者却没有相应的作用，即无法约束掌权者。因此，如果掌权者为自己套上一种他不能违背的法律，那就是违反政治共同体的本质的。就每个个人而论，只能以同一种关系来考虑自己，所以个人实际上就是和自己订约。因此，任何一种可以约束人民这一实体的根本法律是没有的，也是不存在的，社会契约本身也不行。当然，在绝不损害这一契约的前提下，这并不意味着这一实体也不能与外人订约了，因为它对外仍是一个单一的个体。

但是政治共同体或掌权者，其存在既只是出于契约的神圣性，所以就绝不能使自己负有任何可以损害这一原始行为的义务，纵使是对于外人也不能；比如说，转让自己的某一部分，或者是使自己隶属于另一个掌权者。破坏了那种它自己所赖以存在的行为，也就是消灭了自己，而并不存在的东西是不能产生出任何东西来的。

假如，有一群人结成了一个共同体，那就不能侵犯其中的任何一个成员，因为这等于是在攻击整个的共同体。如果这样做的话，其他的成员就会愤怒和不满。在这种情况下，双方缔约者在义务和利害关系下，就得彼此互相帮助。同时，在这种义务与厉害的关系之下，这些人还应该尽其所能把一切有益于这种关系的努力都结合在一起。

组成掌权者的每个个体构成了掌权者，这一点是肯定的；所以掌权者就没有与自己相悖的利益，而且也不能有。因为共同体不可能想要损害它的全体成员，主权权力就不用对臣民提供任何保证；不仅如此，我在本书的后面还会讲到共同体也不可能损害任何个别的人。掌权者永远是自己想的那样，就因为他是掌权者。

尽管有着共同的利益[1]，但对臣民来说，对掌权者的关系却不是这样的。如果掌权者无法确保臣民的忠诚，那就更无法确保臣民遵守约定。

其实，对于个人来说，作为公民，他具有与公意相反或者不同的个别意志。对他来说，个人利益可以完全违背公共利益。他认为自己有着绝对的自由[2]，与生俱来就是独立的，对于公共事业所负的义务，他当作是一种无偿的贡献；他感觉这种任务对自己来说是一种负担，相对来说，他更想放弃这种义务。不仅如此，他认为构成国家的

1　卢梭在《论人类不平等的起源和基础》说：“我情愿生在这样一个国家：在那里掌权者和人民只能有唯一的共同利益，因之政治机构的一切活动，永远都只是为了共同的幸福。这只有当人民和掌权者是同一的时候才能做到。”——译注

2　绝对的自由：这里是指在社会契约没有形成以前的那种自然状态下的自由。——译注

那种法人只不过是一个理性的存在，而不能像一个人一样地去约束他。所以，他就不愿意尽臣民的义务，而只愿意享受公民的权利。很显然，这样的做法是不对的，政治共同体[1]如果一直这样的话就会毁灭。

社会公约当然不会是一个空洞的条文，针对上面可能出现的情况，它本身就包含着这样一种规定：个人的意愿如果和公意相反的话，全体就会强迫他，让他服从公意。唯有这一规定才能使其他规定具有力量。换句话说，就是大家在迫使他自由，因为这可以使每一个公民免于一切人身依附的条件，让他们都有祖国。这一做法是政治体制正常运转的必要条件，社会契约之所以能成为合法的也是因为这个条件的存在；不然的话，社会契约不仅是荒谬的、暴政的，而且还会遭到大家不合理的滥用。

1 政治共同体：也叫政治社区，是西方政治学的概念之一。指具有共同的政治利益、公认的政治机构和特定的居住区域的人们所构成的社会集合体。政治共同体与其他社会共同体的主要区别在于，它以共同体成员的政治利益共识为基础，并且拥有共同的政治机构。不同经济利益的人们也可以组织成政治共同体，如国家间的安全共同体。政治共同体与一般政治团体的区别主要在于政治共同体的成员通常拥有特定的居住区域。这里代指社会契约形成之后的社会。——译注

第08章　论社会状态

人类由自然状态进入社会状态后发生了很大的变化。这个时候，在他们的行为中有了正义，正义取代了以前的本能。他们不再只有生理的冲动，而懂得了义务：他们不再只是嗜欲、只知道关心自己，而是开始用这样一条原则行事：在理性允许的情况下，他们才会选择满足自己的欲望。因而，他们的所作所为也就有了道德的约束。他在这种状态中被剥夺了许多天生而自然的好处，但是，失去的同时他也重新得到了其他方面的好处——他的思想开阔了，他的感情高尚了，他的能力得到了锻炼和发展，他的灵魂得到了提高。经过这样的一个变化，使他从一个愚昧的动物变为一个有智慧的人类，使他永远脱离了自然状态，变为一个人。只要他不滥用这样的新环境，他就一定会比以前好。由一个动物而转换成人，这是一个令人愉快的瞬间，不管什么时候，对于他来说，这都是值得纪念的。

现在，我把这张收支平衡的表简化一下，让它更容易让人接受：社会契约的形成使人类丧失了天然的自由，还有人类那企图得到的一切东西的无限欲望；失去的同时，他获得了社会的自由，对于他所享有的一切东西，他拥有固定的所有权。我们可以看到，这是两种不同的自由：一种是自然的自由，另一种是社会的自由，我们要加以区分开来。自然的自由和个人的拳头有关，当他看到一样东西时，他就拥有了它，要是有人敢和他争抢，那就要靠个人实力说话，谁能打东西就是谁的；而社会的自由则不同，它被社会的机制制约着，根据正式的制度分配不同的所有权。

人类步入社会状态后，好处远不止我们上面说的，还有道德的自由。人类真正成为自己的主人，也是因为道德的自由。因为唯有服从人们自己为自己所规定的法律，才是自由，仅只有嗜欲的冲动仍然还是奴隶状态。关于这一点我已经做了很多的说明，在这里就不再多说了，而且自由一词的哲学意义也不是我要探讨的范围。

第09章　关于财产所有权

在共同体形成的那一刻，每个成员都把自己的全部献给了共同体，这包括：他个人本身，他的全部力量，他享有的财富。在这一变化后，这一行为并不意味着享有权会改变性质而成为掌权者手中的所有权。不过，城邦的力量太大了，是个人的力量不能相比的，所以公共的享有虽然没有更大的合法性（至少对于外邦人是这样），但在事实上，它是不可变更的，也是最强大的。社会契约是一切权利的基础，对国家的成员来说，国家成为他们全部财富的主人；但从别的国家这个角度来看，国家成为财富的主人是因为它从个人那里得来最先占有者的权利。

与最强者的权利相比，最初占有者的权利更真实些，但这种真实的权利只有在财产权确立之后才能成为真正的权利。为了自己的需求，每个人都会去努力争取，这也是人们最自然的权利。但是，契约中规定，他必须放弃其他财富的所有权，才能成为某项财富的所有者。这一规定极有意义，属于他的那部分财产被确定后，他就不该超出这个范围，也不能再向集体索要更多的东西。因此，在自然状态中，以前是那样脆弱的最初占有者的权利现在却备受社会的尊重。在这种权利中，人们尊重的不是属于别人的东西，而是不属于自己的东西。

要认可人们对于某块土地的最初占有者的权利，一般需要具备下列的条件：首要条件就是这块土地还没有人住过，就是说它现在不属于任何人；其次，假如土地比较多的话，人们只能占有一定的数量，能够维持自己的生存就行；最后，人们占有这块土地的目的是劳动与耕耘，而不能说要就要，说不要就不要，就像玩一样。这一点是所有权在缺乏法理根据时能受到别人尊重的唯一标志。

实际上，依据需要与劳动给最初占有者的权利，就已经把这种权利扩展到最大可能的限度了。

但是，有人要问了：如果一个人获得了这块公共的土地，他是不是就变为这块土地的主人了呢？他的这种权利要不要限制呢？如果一个人凭着自己的势力，从这块土地上，把别人暂时赶走，那被抢走土地的人是不是就再也不能回到这块土地上了呢？通过巧取豪夺，一个人或者一个民族占领了一块广阔的土地，不仅如此，他们还夺去了大自然的共同赐给。这样的恶劣行为，一定要对其谴责和惩罚。以卡斯迪王[1]的名义，纳尼尔兹·巴伯[2]在海边上宣布占领南太平洋和整个南美洲，他们这个时候剥夺了那里全体居民的土地，不仅如此，此举还把世界上其他的君主排除在外，这难道是应该的吗？但奇怪的是，这样的行为却依然屡见不鲜，大家纷纷效仿和重复。而躺在暖阁里的纳尼尔兹·巴伯的那位天主教国王，连动都不用动就占领了整个世界，他要做的只是把已经抢占到的地方划入自己帝国的版图里就行了。

我们可以想象各个毗邻的和相连的土地是怎样变成公共的土地

1　卡斯迪王：指卡斯迪王斐迪南第五(1474—1516)，他是个天主教徒。——译注

2　纳尼尔兹·巴伯：1475—1517，西班牙航海家、冒险家。1513年，他发现了南美洲和太平洋，并宣布他发现的这些地方是西班牙的领土。——译注

的，从臣民本身扩大到臣民所占有的土地时，主权权利又怎样变成既是对于实物的而同时又是对于人身的权利；这就使得土地占有者们把他们力量的本身转化为使他们效忠的保证，也使自己陷于更大的依附地位。然而，古代的君主们好像没有意识到这一好处，他们只被称为波斯人的王、马其顿人的王、塞种人[1]的王，他们好像只不过自认为是人民的首领，而不是国土的主人。相比而言，今天的国王们就聪明得多了，他们自称为法兰西王、西班牙王、英格兰王……这样的话，他们不仅是这片领土的主人，也是这片土地上的人民的主人。

这种转让有这样的特点：在接受个人财富时，集体只是保证个人对财富的合法享有，而不是剥夺个人的财富。它只是确保个人合法的占有财产，把占有变成为一种真正的权利，让个人所有权固定下来。通过这种自身有利的割让行为，个体的享有者们成了公共财富的保管者，他们不仅对公众有利，而且这对自己也是有好处的。也因为如此，他们的权利受到了国家的保护，而且他受到国家全体成员的尊重。因此，付出就有收获这句话是不错的。我们在下面将会解释这个很难的问题，其实也并不是很难，只要区别了掌权者与所有者对同一块地产所具有的不同权利就能解决这个问题。

还有一种情况是这样的：人们在一无所有之前，就已经联合起来了。然后，他们找到了一块土地，它能养活他们所有的人。这块土地是他们共用的，他们按照掌权者所规定的比例，分了这块地。不管占领这土地用的是什么方法，对于他自己那块地产，个人所具有的权利都永远要从属于集体对于所有的人所具有的权利。否则社会联系就不能稳固，也不会有行使主权的真正力量。

在结束本章与本卷之前，我还要指出构成全部社会体系的基础：

1　塞种人：古代欧亚草原上的游牧部族。——译注基本公约是以道德的与法律的平等来代替自然所造成的人与人之间身体上的不平等，并没有摧毁自然的平等[1]；因此，在力量和才智上，人们虽然是不同的，但由于社会契约所规定的权利，人人都是自由和平等的[2]。

1 卢梭在《论人类不平等的起源和基础》中说："我认为在人类中有两种不平等：一种，我把它叫做自然的或生理上的不平等，因为它是基于自然，由年龄、健康、体力以及智慧或心灵的性质的不同而产生的；另一种可以称为精神上的或政治上的不平等，因为它是起因于一种协议，由于人们的同意而设定的，或者至少是它的存在为大家所认可的。第二种不平等包括某些人由于损害别人而得以享受的各种特权，譬如：比别人更富足、更光荣、更有权势，或者甚至叫别人服从他们。"——译注

2 这种平等在坏政府的下面只是虚有其表，它只能保持富人富有，穷人贫困。实际上，对于一无所有的人来说，法律总是有害的；而对于富有的人来说，法律才是有利的。所以只有当人人都有一些东西而又没有人能有过多的东西的时候，社会状态才会对人类有益。——原注

第二卷

第01章　主权不可转让

在前文确立的原则中，可以得出一个很重要的结论：按照国家创制的目的指导国家的各种力量，只有靠公意才行。这是因为个体利益的对立使得社会的建立成为必要；但是，正是这些个体利益的同意，才使社会的建立有了可能。社会就是靠这些不同利益的共同之处联系在一起的，假如他们没有一点共同的地方，任何社会都是建不成的。所以，根据这种共同的利益来治理社会是应该的。

由此得出这样一个结论：主权永远不能转让，因为它只是公意的行使。不仅如此，主权体只能由它自己来代表自己，因为只不过是一个集体的存在。权力和意志是不同的，前者可以转移的，但后者不能。

在某些点上，个别意志与公意实际上还是有共同的地方的，但因为个别意志的本性总是有所偏好，造成了这种共同之处不可能长期维持下去。人们要想维持这种共同性几乎是不可能的，因为公意总是倾向于平等，这和有所偏好的个人意志相矛盾。实际上，这种一致性总该是存在着的，理由上面已经提到；而且，这种共同性还具有很大的偶然性，而不是人为的结果。掌权者就会这样说："我现在的想法就是这个人的想法，至少是他所说过的想法。"但是，掌权者却不能说，“这个人明天的想法还是我的想法。”因为意志使自身受未来所束缚是荒谬的，而且还因为，如果许诺任何违反原意图者自身幸福的事情，并不能由任何别的意志来决定。所以，如果人民单纯是诺诺地服从，那就会因为这一行为而解体，就会丧失自己为人民的资格。这个时候，如果出现一个主人，那掌权者就不复存在了，政治体也随之瓦解。

在掌权者有权反对首领的命令但却没有这样做的情况下，这并不意味着首领的命令能被视为普遍的意志。假如是这样的话，我们应该视普遍的缄默就是人民的同意。关于这些，后面还会说到。

第02章　主权不可切分

主权不可切分，理由与主权不可转让一样。因为意志只有两种情况：一种情况是符合公意[1]，是人民共同体的意志，在这种情况下，意志一经宣示就成为一种主权行为，并且构成法律；另一种情况不符合公意，而只是一部分人的意识，在这一种情形下，它就只是一种个别意志或者是一种行政约定，最多就是一道法令而已。

但我们的政论家们却不同，从原则上切分主权他们是做不到的，所以只能从对象上下手：他们把主权分为实力与意志，分为内政权与外交权，分为税收权、司法权与战争权，分为立法权力与行政权力。他们有时把这些部分拆开，有时又把它们混为一谈。在他们的眼里，掌权者就像个怪物一样，是由一些七零八落的东西拼凑而成的。他们对待掌权者，就像用几个人的身体重新结成一个人一样，把这些人的身体各个部位乱凑在一起……据说，在大庭广众之下，日本的江湖术士能把一个孩子肢解后抛上天空。等到再掉下来的时候，孩子还是活生生的呢，而且还是完整的。这和那些政论家们差不多，不过，他们是对社会共同体肢解。然后，他们不知用什么手段，竟然将分开的各部分又结合在了一起。

1　意志要成为公意，它并不是一定需要得到全体的同意，但全部的票数都要得到统计，不能排除任何一票，不然就会破坏它的公共性。——原注

为什么会出现这样的错误呢？这是因为他们把仅仅是主权权威所派生的东西误以为是主权权威的构成部分，也因为没有形成主权权威的正确概念。举个例子来说明这个问题：宣战与讲和的行为被人们认为是主权的行为，但事实并非如此，因为这些行为都不是法律的，而只是决定法律情况的一种个别行为，只是法律的应用。我们会很明显地看出这一点，但要当法律一词的概念被确定以后才行。

不仅如此，我们在其他方面也发现了这一点。有些人依然不知道自己错了，仍然以为主权是分立的；而被人认为是主权各个部分的那些权利都只不过是执行最高意志而已，他们是从属于主权的，并且永远要以至高无上的意志为前提。

根据研究政治权利的作家们已经确定的原则，他们要判断国王与人民的相应权利，但由于缺乏准确性，他们得出了不清不楚的结果。在格劳修斯的著作的第一卷，第三四两章中，大家都可以看出，这位学问高深的学者以及该书[1]的译者巴贝拉克[2]怕把自己的见解说得太多或者太少，也怕冒犯了他们所要加以调和的各种利益，一直被著作里的问题纠缠着不能自拔，最后终于迷失了自己。格劳修斯因不满意自己的祖国而避难法国，他把书献给了路易十三[3]，为了讨好路易十三，他在书中想尽种种办法来剥夺人民的权利，并抬高国王的权利。巴贝拉克也有讨好自己国王的愿望，于是他把格劳修斯翻译成英

1　高深的学者：指格劳修斯，“该书”是他的著作《战争与和平法》。——译注

2　巴贝拉克：1746年，此书的法文译本出版。译者就是巴贝拉克。——译注

3　路易十三：1601—1643，法国波旁王朝国王(1610—1643年在位）。在他小的时候，他的母亲玛丽·德·美第奇摄政。路易十三亲自执政后，在红衣主教黎塞留的辅佐下开始了法国的专制统治。1643年去世。——译注

文，献给了英王乔治第一[1]。可惜的是，被称之为逊位的雅各第二[2]被逐了。这使他只得小心从事，为避免把威廉[3]弄成是个篡位者，他回避要害，含糊其辞。这两位作家本来是可以解决一切的，但他们没能坚持到最后，没能采取稳定的原则。为了人民，他们本该是忍痛说出真理的，但他们没有说出来，因为人民不会给他们大使头衔或教授讲席或厚俸高薪。他们倒向了皇权，放弃了真理。

1　乔治第一：即乔治一世(1660—1727)，英国国王，1714—1727年在位。——译注

2　雅各第二：即詹姆斯二世(1633—1701)，英国国王，1685—1688年在位。他是最后一位天主教的英国国王。他的臣民不信任他的宗教政策，反对他的专权，在光荣革命中他被剥夺了王位。王位落到了他新教的女儿玛丽二世和女婿威廉三世手中。詹姆斯二世退位后受到法国国王路易十四的保护。路易和他的儿子詹姆斯・弗朗西斯・爱德华以及孙子查尔斯・爱德华・斯图亚特还继续策划恢复詹姆斯派的王位，但最后也没有成功。——译注

3　威廉：即威廉三世(1650—1702)，英国国王，1688—1702年在位。——译注

第03章　公意也有对错

由前面的论述可以推断：公意永远以公共利益为宗旨，它永远是正确的。但是，这个结论并不等于人民的思想也永远是正确的。幸福是人们的希望，但是，幸福来的时候，并不是所有的人都能看清。永远不会有人去腐蚀人民，但经常有人欺骗人民，而且只有人民在被欺骗时，才会愿意要不好的东西。

公意只着眼于公共的利益，众意则着眼于私人的利益，只是个别意志的总和，两者之间总是有很大的差别。虽然如此，除掉一些个别的意志之外，剩下的总和仍然是公意。

如果公民彼此之间没有任何串通，人民在充分了解的时候进行讨论的话，讨论的结果总会是好的。也许会有大量的小分歧在讨论时出现，但最后总可以产生公意，达成一致的意见。但是，当出现一个小集团成为派别的时候，而且这个小集团还有了不同的意见。那从这个集团的角度来说，这个集团的每个人的意志都是公意；但从国家的角度来说，这只是个别意志。如果出现几个这样不同的集团会出现什么样的情况呢？这时候投票者减少了，不是成千上万的了，而就是那几个集团代表；意见也少了，就那几个集团代表的声音，讨论的结果是不可信的，完全代替不了公意。假如那几个集团中有一个迅速壮大，并超过了同类的几个集团，那么在开会时，就只能听到这个集团的声音了，再也不会和你们产生分歧了。这占优势的意见也只不过是一个个别的意见而已，仍然代替不了公意。

因此，在一国之内，不能有派系存在，并且每个公民只能是表示自己的意见，这样才能很好地表达公意。伟大的莱格古斯[1]的独特而高明的制度就是这样的。但是，如果有了派系存在怎办呢？就要像梭伦[2]、努马[3]和塞尔维乌斯[4]所做的那样，再增加一个派系，让两个派系之间的势力保持平衡。要使公意可以永远发扬光大，而且人民也决不会犯错误，这种防范方法是唯一的好方法。

1 莱格古斯：据普鲁塔克《英雄传》根据传说记载，他是纪元前八世纪斯巴达的国王。他是著名的立法者。为了消除等级与党派的对立，他采取了均分土地的方法。——译注

2 梭伦：前638—前559，生于雅典，出身于没落的贵族家庭。他年轻时一面经商，一面游历，到过许多地方，漫游名胜古迹，考察社会风情。梭伦是古代雅典的政治家，立法者，诗人，是古希腊七贤之一。梭伦在前594年出任雅典城邦的第一任执政官，制定法律，进行改革，史称“梭伦改革”。他在诗歌方面也有成就，诗作主要是赞颂雅典城邦及法律的。他是古希腊最杰出的政治家之一，也是一位多才多艺的诗人。——译注

3 努马：传说中罗马王政时期的第二个国王。相传他曾经在一个洞中受到仙女埃吉丽亚的教诲，从而创立宗教历法和各种宗教仪式。——译注

4 塞尔维乌斯：传说中罗马王政时期的第六个国王，他最先将罗马人口按财富分为不同的等级。——译注

第04章　论主权的范围

如果说城邦或国家只是一个众多人组成的一个组织，很显然，那它之所以能存在，就是因为它的成员的结合。如果说国家最关心的是自身的安危，那它就必须有一种普遍的强制性力量来调动和安排各个部分，只有这样，它才能更好地服务于整体。社会公约赋予政治体以支配它的各个成员的绝对权力，这就像自然赋予每个人以支配自己各部分肢体的绝对权力一样，当这种绝对权力受公意所指导时，就获得了主权这个名称，这一点我们在前面已经提到过。

不过，除了公家外，我们还要研究组成公家的那些私人，他们的生命和自由是天然地独立于公家之外的。因此，区别与公民相应的权利和与掌权者相应的权利就是问题的所在[1]，也就是说，要区分清楚以臣民的公民所应尽的义务和他们以人的资格所应享的自然权利。

个人在社会契约的规定下，转让出来自己一切的权力、财富、自由，但其中只有一部分对集体很重要，这一点是显而易见的；但同时唯有掌权者才能判定这到底是否重要，这我们必须承认。

从公民这方面来说，一旦掌权者要求，作为国家的公民就应立即去做，就要为国家提供自己所能做的任何服务；另一方面，掌权者决

1　专心的读者，我请你们在这里先不要急着指责我自相矛盾。由于语言的贫乏，所以，我在用词上未能避免这种自相矛盾。不过，还要请你们耐心等待一下。——原注

不能给臣民加以任何一种对于集体是毫无用处的约束，它最好连想都不要想，这是因为，任何事情在理性的法则下绝不能是毫无理由的，在自然法则下也是这样。

契约把我们和社会体联结在一起，而且因为它们是相互的，这种约定就变成了义务。它们具有这样的性质：在履行这些约定时，人们不可能只是为别人效劳，同时也是在为自己效劳。

每个人都是自私的，做事总是先想到自己。个人在为全体投票时，所想到的只是自己本人，他不可能希望所有的人都幸福，如果是这样的话，公意将不再是公正的。这也证明了权利平等及其所产生的正义概念乃是出自每个人对自己的优先考虑，也就是出自人天性偏私的观念。不仅如此，它还证明了公意若要真正成为公意，就应该不仅仅在它的目的上是公意，在它的本质上也同样是公意。也就是说，要使公意对全体都适用就必须从全体出发。假如公意倾向于某种个别的、特定的目标，那它就毫无公正性可言了，因为这样的话，我们判断的便是与我们无关的东西，那指导我们的便不会有真正的公平原则存在了。

事实上，如果一项个别的事实或权利事先没有被公约所规定的话，那么就会引起争论。在这场争论里有两方：一是与此事有关的个人，公众为对立方。但是，我们在这场辩论里看不到任何规章制度，也看不到有能够做出判决的审判官。假如把这场争论诉之于公意，让公意来表决的话，那是很可笑的。在这里，公意只能是一方的结论，而对于另一方来说，它就只不过是一个外部的个别意志。在这种情况下，如果让公意来裁决的话，就会产生不公道的结论。我们知道，个别意志是不能代表公意的，同样的道理，当公意具有个别的目的时，它的性质就发生了改变，它也就不能再像以前一样对某个人或某件事作出判决了。例如，雅典人民不加区别地以大量的个别法令来执行政府的全部行为，他们可以对某人授勋或对另外某人判刑，也可以任命或罢免他们的首领。从他们的行动来看，他们已经是行政官了，已经不再是掌权者。这时候，人民就已经不再有名副其实的公意了。和一般的看法相比，这好像是不对的，但是，我会说出为什么的。

我们应当认识到，把人们结合在一起的共同利益使意志得以公意化，而不是因为票数；因为，每个人在这个制度里都必然地要服从他所加之于别人的条件。这种利益与正义达到了完美的统一性，也使得公共讨论有了公正性。但是，没有一种共同的利益，在讨论任何个别事件的时候，能把审判官的准则和当事人的准则结合并统一起来，所以这种公正性便不复存在。

我们已经从多方面对这个原则进行了论证，都能得出同一的结论：在公民之间，社会公约确立了使大家全都遵守同样的条件这样一种平等，并且全都应该享有同样的权利。所以，一切真正属于公意的行为在公约性质的约束下，主权的一切行为就都同等地照顾着全体公民。因此，掌权者并不区别对待构成国家的任何个人，它只认得这个国家是个共同体。可是，主权的行为确切地说来又是什么呢？它是共同体和它的各个成员之间的一种约定，而并不是上级与下级之间的一种约定。它是合法的约定，因为它是以社会契约为基础的；它是有益的约定，因为它除了公共的幸福以外就不能再有任何别的目的；它是公平的约定，因为它对所有的人都是共同的；它是稳固的约定，因为它有着公共的力量和最高权力作为保障。臣民在遵守这个约定的时候，只是在服从他们自己的意志，而不是在服从任何别人。那公民对于自己本身（每个人对于全体以及全体对于每个个人）能规定到什么地步呢？也就是掌权者与公民这两者相应的权利究竟到达了什么限度。

由此可见，十分绝对的、十分神圣的、十分不可侵犯的主权权力不会超出、也不能超出公共约定的界限；不仅如此，这种约定所留给自己的财富和自由，人人都可以任意处置。因此，对某一个臣民的要求比对另一个臣民要求得多是掌权者永远也无权做的。如果掌权者这样做的话，事情就变成了个别的，不再具有公意性，那他本人的权力也就无效了。

这种区别一旦被承认，在社会契约之中，个人方面会做出任何真正牺牲来的这种说法便不能成立了。比起他们以前的情况，契约的结果让他们的境况确实变得好很多。所以在契约中，人们没有出让什么，他们所做的是一件有利的交易。他们以前的生活方式是不可靠的，也是不安定的，而当他们身在契约之中的时候，他们的生活方式变得美好又稳定；他们用天然的独立换取了自由，用自己侵害别人的权力换取了自身的安全，用自己有可能战胜别人的实力换取了由社会的结合保障其不可战胜的权利。国家还在一直保护着他们所献给国家的个人生命。为什么他们冒着生命危险去做事，就是为了保卫国家。国家给了他们安定，他们之所以这么做，就是为了报答国家，不然难道还有别的什么原因？生活在自然状态下的时候，搏斗是不可避免的，他们就必须冒着生命的危险，保卫自己生存的需要；现在，社会安稳了，一般不需要他们这么做了。但他们依然选择这么做，就是因为要报恩的原因，他们知道是这个国家给了他稳定的生活。当祖国需要时，人人都要为祖国而战斗，然而，这样的话也就再没有人要为自己而战斗了。我们现在有了安全的屏障，只需去冒我们自身所必须去冒的种种危险中的一部分，两相比较，我们还是在契约的情况下生活比较好一些。

第05章　生与死的权利

有人[1]问：既然个人无权支配自己的生命，他们又怎么能够把这种他们没有的权利交给掌权者呢？看起来这个问题很难回答，这只是因为这个问题问得不对，它不该这么问。为了保全自己的生命，每个人都有权冒着生命的危险。一个人为了逃避火灾而跳楼，难道有人会说他是犯了自杀罪吗？一个人在风浪里被淹死了，难道有人会追究他在上船时犯了不顾危险的罪吗？

社会条约以保护缔约者为宗旨。拥有手段才能达到目的，而手段

1　**有人：即约翰·洛克，1632—1704，英国哲学家，经验主义的开创人，也是第一个全面阐述**宪政民主思想的人，在哲学以及政治领域都有重要影响。

在哲学方面，洛克是不列颠经验主义的开创者，洛克认为人类所有的思想和观念都来自或反映了人类的感官经验。洛克相信世界是由物质构成的，物质的主性质包括了形状、运动或静止、数目等和物质不可分离的那些性质，而次性质则包括了颜色、声音、气味等其他各种性质。洛克认为主性质就在物体里，次性质只在人的感觉中。这在当时成为欧洲的两大主流哲学思想之一。

在政治思想方面，他的政治学说的影响对后人尤为巨大。洛克是第一个系统阐述宪政民主政治以及提倡人的“自然权利”的人，他主张要捍卫人的生命、自由和财产权。他的政治理念也深远地影响了美国、法国、英国等西方国家。特别是1689到1690年写成的两篇《政府论》是洛克最重要的政治论文。第一篇是对罗伯特·费尔默爵士的《先祖论即论国王之自然权》的反驳。洛克有效地驳斥了费尔默的君权神授的主张。在第二篇中，洛克主张统治者的权力应来自于被统治者的同意，建立国家的唯一目的，是为了保障社会的安全以及人民的自然权利。当政府的所作所为与这一目的相违背的时候，人民就有权利采取行动甚至以暴力的方式将权力收回。洛克也支持社会契约论。不过他也强调社会契约论是可以废除的。他也认为每一个人都是平等的，在一个人没有损害另一人利益的情况下可以自行其事。他也提倡个人财产的合理性，认为个人有权拥有通过劳动所获得的合法财产。洛克提出的人所拥有的“自然权利”就包括了生存的权利，享有自由的权利以及财产权。洛克还第一个倡导了权力的分配，他把政治权力分为立法权、行政权和对外权三种，认为立法权高于其它两权，但立法权仍要受到人民的制约，当人民发现立法行为与他们的委托相抵触时，人民仍享有最高的权力来罢免或更换立法机关。另外，立法权属于议会，行政权属于国王，对外权涉及到和平与战争、外交与结盟，也为国王行使。——译注

是和某些冒险、甚至是与某些牺牲联系在一起的。我们谁都有这样的希望，那就是别人能保护自己的生命，其实这个希望并不难实现，只要你在必要时有为别人献出自己生命的做法就可以。对于公民来说，他是不应当这么做的，那就是不能自己选择法律要求他去冒的是哪种危险。只有在这个条件下，他才能一直享受着安全，并且他的生命是国家的一种有条件的赠礼，而不再单纯地只是一种自然的恩赐。所以，当君主对他说，国家需要你的效劳时，他就应该毫不犹豫地去做。

对罪犯处以死刑，也可以用大致同样的观点来论述：正是为了不至于成为凶手的牺牲品，所以人们才同意，假如自己做了凶手的话，自己也得死。在这一社会条约里，人们所想的只是要保障自己的生命，而远不是要了结自己的生命；决不能设想缔约者的任何一个人，当初就预想着自己要被绞死的。

而且，一个为非作歹的人，既然是在攻击社会权利，于是由于他的罪行而成为祖国的叛逆；他破坏了祖国的法律，所以就不再是国家的成员，他甚至于是在向国家开战。这时保全国家就和保全他自身不能相容，两者之中就有一个必须毁灭。对罪犯处以死刑，这与其说是把他当作公民，不如说是把他当作敌人。起诉和判决就是他已经破坏了社会条约的证明和宣告，因此他就不再是国家的成员了。而且既然他至少也曾因为他的居留而自认为是国家的成员，所以就应该把他当作公约的破坏者而流放出境，或者是当作一个公共敌人而处以死刑。因为这样的一个敌人并不是一个道德人，而只是一个个人罢了；并且只有在这种情况下，战争的权利才能是杀死被征服者。

然而，有人说惩罚一个罪犯乃是一件个别的行为，我承认是这样。但这种惩罚却不属于掌权者，掌权者自己本身不能执行这一决定，只能委任别人这一权利。虽然如此，但我一下子还是无法全部说清这个问题，虽然我的全部观念是前后一致的。

除此之外，假如你注意到一个国家的刑罚很是频繁，那是政府衰弱或者无能的一种标志。我们没有权利把人处死，就算处死他是为了别人不再犯他这样的错误也不行。在任何事情上，任何一个恶人都有向善的一面。如果非要把人处死的话，那被处死的人必须满足这样的条件：他的继续存在会严重威胁到别人的生命安全。如果一个人已经受到了法律的处分，法官也已经宣判了他的罪名，那有没有对这个罪犯实行赦免或减刑的权利呢？这种权利是有的，那个超乎法律与法官之上的人——掌权者才能拥有这种权利。然而，他的权利在这一点上是很不明确的，而且使用这种权利的场合也是极少见的。

刑罚在一个治理良好的国家里是很少见的，这是因为犯罪的人很少，而不是因为赦免了很多犯罪的人。当国家衰微时，出现了大量的犯罪活动，而战乱的环境也使得很多的犯罪分子得不到应有的惩罚。在古罗马时期，无论是执政官还是元老院，都从来没有想要行使赦免；尽管人民有时候会撤销自己的判决，但人民也不曾这样做过。频繁的赦免只能说明一个问题，那就是司法很腐败，国家存在严重的问题，其结果大家是可想而知的。

但是，写到这里我写不下去了，我心里觉得有些愤懑。让那些永远不需要赦免的、也从未犯过错误的正直人士去讨论这些问题吧。

第06章　论法律

社会公约赋予了政治体以生存和生命，那政治体的行动和意志就需要由立法来赋予了。因为政治体得以形成与结合的这一原始约定并不能决定它该怎么做才能保存自己。

事物的本性决定了事物是否美好，是否符合秩序，而这一点与人类的约定无关。唯有上帝才是正义的根源，一切正义都来自上帝。但是，从这种高度来接受正义的话，我们是做不到的，如果真的能全部相信上帝的话，我们就不需要政府和法律了。那么就一定存在着一种完全出自理性的普遍正义，我们要做的就是使这种正义能被大家公认。假如从人世来考察事物[1]的话，那正义的法则在缺少了自然制裁的情况下就是虚幻的、不存在的。如果一个人很正直，他对一切人都遵守正义的法则；但是，别人对他却不遵守这些正义的法则，这就会出现这样的结果：正直的人的不幸，而坏人却幸福。因此，我们就需要把权利与义务结合在一起，用什么才能把它们结合起来呢？用约定和法律！这样才能使正义能符合社会的发展[2]。一切东西在自然状态的时候都是公共的，有些东西对我是没用的，我就认为它是

1　从人世来考察事物：与上文从上帝和理性来考察事物相对来说的，意思是从政治或社会契约来考察事物。——译注

2　正义能符合于社会的发展：指使正义不只是停留在概念上，而要能应用于社会现实。——译注

属于别人的；如果我不曾对一个人作过任何允诺，我对他就没有任何义务。但是，在社会状态中就不是这样的了，这时候一切权利都被法律固定下来。

那究竟什么是法律[1]呢？如果人们只满足于把一些乱七八糟的玄学和法律的观念[2]联系在一起的话，那么人们就一直也不会懂得法律的真正意义。就算我们能说出自然法[3]是什么，也并不会因此就知道什么是国家的法律。

对于一个个别的对象来说，是绝不会有公意的，我已经说过这一点。这种个别的对象实际上不是在国家之外，就是在国家之内。如果这一个别对象是在国家之内，则它便是国家的一部分：于是全体和它的这一部分之间便形成了一种关系，它使全体和这一部分成为两个独立的存在，而其中的一个就是这一部分，而另一个则是剪掉这一部分之后的全体。但是，减掉一部分之后的全体就不能称其为全体了。也就是说，只要这种关系继续存在的话，也就不再有全体的存在，而只有两个不相等的部分。由此导致其中一方的意志比起另一方来也就绝不再是公意。如果它是在国家之外，就它对国家的关系来说，这一外在的意志就绝不能是公意。

但是，当“全体人民”对“全体人民”作出规定时，他们考虑到的只有他们自己。这个时候，如果形成了某种对比关系的话，那也只

1　**法律**：在当时，法律还是一门崭新的学科，法律的定义还没有被证实地规定下来。当然，我们现在都知道法律的定义——是国家制定或认可的，由国家强制力保证实施的，以规定当事人权利和义务为内容的具有普遍约束力的社会规范。——译注

2　**法律的观念**：这里是指孟德斯鸠对于法的形而上学的观念定义。在《论法的精神》中，孟德斯鸠提出：法是事物本性所产生的必然的关系。——译注

3　**自然法**：关于自然法的含义，在人类认识史上出现过多种不同的认识。但通常是指宇宙秩序本身中作为一切指定法制基础的关于正义的基本和终极的原则的集合。它萌发于古希腊哲学，其中智者学派将“自然”和“法”区分开来，认为“自然”是明智的，永恒的，而法则是专断的，仅出于权宜之计。苏格拉底、柏拉图和亚里士多德则断定能够发现永恒不变的标准，以作为评价成文法优劣的参照。卢梭认为孟德斯鸠的错误在于把自然法和国家法混为一谈，所以此处讥之为“形而上学”。——译注

是某种观点之下整个对象[1]，对于另一种观点之下的整个对象之间的关系，而全体却没有任何分裂。在这种情况下，人们所规定的事情就是公共的，正如作出规定的意志是公意一样。我们称这种行为叫“法律”。

在我看来，法律的对象永远是普遍性的。我的意思是指绝不考虑个别的人以及个别的行为，它只考虑臣民的共同体以及抽象的行为。因此，法律虽然可以规定有各种特权，但它绝不能指名把特权赋予某一个人；法律可以确立一个政府和一种世袭的继承制，但是它却不能指定一家王室，也不能选定一个国王；法律可以把公民划分为不同的等级，甚至规定取得不同等级需要什么样的资格，但是它却不能指名把某个人列入某个等级之中。总结起来就是——立法权力不是以个别对象为职责的。

搞清楚这一点，我们就明白了：法律乃是公意的行为，所以我们不必再问应该由谁来制定法律；君主也是国家的成员，所以我们不必再问君主是否超乎法律之上；没有人会对自己本人不公正，所以不必再问法律是否会不公正；法律只不过是我们自己意志的记录，所以不必再问何以人们既是自由的而又要服从法律。

由此我们还可以知道，法律将意志的普遍性与对象的普遍性集于一身；所以，不管什么人擅自发号的施令都不能成为法律[2]。例如：有一个个别对象，掌权者发了一道命令给他，那这就只是一道命令，因为这不是主权的行为，而只是政府的行为，所以也绝不能成为一条法律。

也因为上述的原因，我们把实行法治的国家的行政形式称为共和

1　某种观点之下的整个对象：指作为制定法律的全体人民。下文中的“另一种观点之下的整个对象”指服从法律的全体人民。——译注

2　卢梭在《论政治经济学》中说：“人人都服从，却没有人发号施令，人人都服务，却没有骑在人头上的主人，而且由于在这种明显的服从关系中，谁都没有损失任何自由——这种情况又是怎样造成的呢?这些奇迹都是法律创造的。”——译注

国。这是因为，只有实行法治的国家才是公共利益在统治着，公共事物[1]才能被当作一回事。一切遵循法治的政府都是共和制政府，至于政府一词是什么意思，我在后面会讲到。

从根源上来讲，法律只不过是社会结合的条件。规定社会条件的只能是那些组成社会的人们，而服从法律的人民就应当是法律的创作者。然而，这些人该怎样来规定社会的条件呢？政治体具备一个可以表达自己意志的机构吗？是突然的灵机一动就达成共同一致的吗？谁给政治体以必要的预见力，事先想出这些行为并加以公布的呢？在必要时，又是怎样来宣告这些行为的呢？

盲目的群众常常并不知道自己应该要些什么东西，因为他们有时候不知道什么东西对自己是好的。这就像立法体系这样，这一桩既重大而又困难的事业，他们不知道怎样来亲自执行？诚然，人民总希望自己永远幸福；但什么是幸福，人民自己却并不能永远都看得出。永远正确的公意却被并不永远都是明智的公意的判断指导着。所以为了保障它不至于受个别意志的诱惑，就必须为它指出一条它所寻求的美好道路；必须使它能看到对象的真相，有时还得看到对象所应该呈现的假象；使它能看清时间与地点，并能以遥远的隐患来平衡当前切身利益的引诱。公众在愿望着幸福却又看不见它，个人看得到幸福却又不要它，两者都需要加以引导[2]。所以就必须使公众学会认识自己所愿望的事物，又必须使个人能以自己的意志顺从自己的理性。这时便有了这一过程：公共智慧的结果——理智与意志在社会体中的结合——各个部分的密切合作——全体的最大力量。就是因为这样，才需要一个立法者。

---

1 公共事物：“共和国”一词在拉丁文中有公共事物的意思，在这里用这个词是双关的用法。——译注

2 两者都需要加以指导：指公众需要经验与知识的指导，个人需要道德的指导。——译注

第07章　立法者

因此，我们就需要一种能够洞察人类的全部感情最高的智慧，而它又不受任何感情所支配，用来发现能适合于各个民族的最好的社会规则。它很愿意关怀我们的幸福，但它自身的幸福却与我们无关；它能认识人性的深处，但又与我们人性没有任何关系；最后，它在时间的推移里还要照顾到长久的荣耀，它能在现在操劳，而在未来享受荣誉[1]。总而言之，能为人类制定法律的人就像神明一样。

卡里古拉根据事实所做的推论和柏拉图[2]根据权利在自己的《政治篇》中所做的推论是一样的。在这篇文章里，柏拉图对他所探求的政治人物或者作人君的人物做出了规定。不过，我们知道一个伟大的君王是令人尊重和崇拜的，他必须贤明，必须时刻考虑到公民的权

1　一个民族，只有当它的立法开始衰颓的时候才会出名。在受到希腊其他各国注意之前，莱格古斯的制度早就已经给斯巴达人造就了多少世纪的幸福了，但这一点往往被人们忽略。——原注

2　柏拉图：约前427—前347，古希腊伟大的哲学家，也是全部西方哲学乃至整个西方文化最伟大的哲学家和思想家之一，他和老师苏格拉底，学生亚里士多德并称为古希腊三大哲学家。除了哲学之外，他在其他学科方面也有研究。在哲学方面，柏拉图认为任何一种哲学要能具有普遍性，必须包括一个关于自然和宇宙的学说在内。柏拉图试图掌握有关个人和大自然永恒不变的真理，因此发展一种适合并从属于他的政治见解和神学见解的自然哲学。柏拉图认为，自然界中有形的东西是流动的，但是构成这些有形物质的“形式”或“理念”却是永恒不变的。柏拉图还是西方教育史上第一个提出完整的学前教育思想并建立了完整的教育体系的人。柏拉图与他的学生亚里士多德比起来，在西方得到更多的尊重和注意。因为他的作品是西方文化的奠基文献。在西方哲学的各个学派中，很难找到没有吸收过他的著作的学派。在后世哲学家和基督教神学中，柏拉图的思想保持着巨大的辐射力，被称为是西方哲学的奠基人。有的哲学史家认为，直到近代，西方哲学才逐渐摆脱了柏拉图思想的控制。主要著作有《智者篇》、《政治家篇》、《斐利布斯篇》、《法律篇》、《理想国》、《苏格拉底的申辩》、《理想国》、《巴曼尼得斯篇》、《苏格拉底之死》等。——译注

利，为国家的人民服务；那么，一个伟大的立法者又该怎样呢？可以说，君主只是在遵照着立法者所订立的法律规则在行事而已。打个比方来说：如果君主是安装机器和开动机器的工匠的话，那么立法者就像一个发明机器的工程师。孟德斯鸠[1]说过："在社会刚刚发展的初级阶段，是部落或城邦的首领在创立制度；随着社会的发展，制度开始塑造共和国的首领了。"

可以这样说，能为一国人民进行创制的人，必须自己觉得有把握能够改变人性；能改变人的素质，使之得到加强；能以作为全体一部分的有道德的生命来代替我们人人得之于自然界的生理上的独立的生命。能为一国人民进行立法的人，必须能够把每个自身都是一个完整而孤立的整体的个人，转化为一个更大整体的一部分，这里的个人，指的就是以一定的方式从整体里获得自己的生命与存在的人。总之，他要做的就是，必须除去人类本身固有的某些力量，而赋予他们本身之外的力量，而且这种力量要靠别人帮助才能运用。这些自然的力量消灭得越干净，他获得的力量也就越大，制度也就越完善。如果整体所获得的力量，等于或者大于全体个人天然力量的总和，那就说明立法已经达到了它可能达到的最完美程度了（作者在第1卷，第6章中提到过）。如果是这样的话，那每个人民都不能离开集体而独立存在，若不和其他的人在一起，就会无足重轻、一事无成。

1　孟德斯鸠：法国伟大的启蒙思想家、法学家。孟德斯鸠不仅是18世纪法国启蒙时代的著名思想家，也是近代欧洲国家比较早的系统研究古代东方社会与法律文化的学者之一。孟德斯鸠反对神学，提倡科学，但又不是一个无神论者和唯物主义者，他是一名自然神论者。他最重要的贡献是对资产阶级的国家和法的学说作出了卓越贡献，他在洛克分权思想的基础上明确提出了"三权分立"学说；他特别强调法的功能，他认为法律是理性的体现，法又分为自然法和人为法两类，自然法是人类社会建立以前就存在的规律，那时候人类处于平等状态；人为法又有政治法和民法等。孟德斯鸠提倡资产阶级的自由和平等，但同时又强调自由的实现要受法律的制约，政治自由并不是愿意做什么就做什么。他的著述虽然不多，但其影响却相当广泛，尤其是《论法的精神》这部集大成的著作，奠定了近代西方政治与法律理论发展的基础，也在很大程度上影响了欧洲人对东方政治与法律文化的看法。除此之外，他的著作还有《波斯人信札》、《罗马盛衰原因论》。本文下面这句话出自孟德斯鸠的《罗马盛衰原因论》第1章。——译注从各个方面看，立法者不但是天才，更是国家的栋梁。当然了，有人会说天才本就应该是栋梁啊，那他要做的这个职务就更需要他天才的发挥。这一职务不是行政与主权，只有立法者才能担此大任；它是一种独特的、超然的职能，与人间世界毫无共同之处；这一职务不在共和国的组织之内，却缔造了共和国。因为，如果说治人者[1]不该立法的话，那立法者也就更不应该治人。不然的话，立法者的法律就会受到自己感情的左右，那他制定的法律就是不公正的；而他也永远无法避免[2]自己个人的意见会破坏自己神圣的事业。

莱格古斯逊位之后才开始为他的国家制定法律。委托异邦人来制定本国的法律，这是大多数希腊城邦的习惯。近代以来，意大利共和国和日内瓦共和国一直在沿用这种做法，而且效果良好。在罗马最鼎盛的时期，因为立法权威与主权权力开始结合在同样的一些人身上，一些君主渐渐地开始变为暴君，暴政开始复活，强大的罗马帝国显露出将要灭亡的迹象。

不过，仅凭自身的权威便通过任何法律的权利，十人执政官[3]从来没有要求这样做过。他们向人民说："如果得不到你们的同意，我们向你们建议的任何事情都不能成为法律。所以，罗马人啊！能给你们幸福的法律就在你们自己手中，要靠你们自己制定！"

1　治人者：即指行政官。——译注

2　《日内瓦手稿》："如果有人说：全体人民既然曾经一度自愿地、庄严地而又毫无束缚地服从于一个人(指立法者——译者)；所以这个人的意志就应该被看成等于公意的行为。那末，对他所说的这种诡辩，我已经答复过了。我要补充说，设想中的人民自愿的服从，永远是有条件的；它的出现绝不是为了君主——立法者的利益，而是为了人民的利益。假如任何个人答应无保留地服从，那只是为了全体的幸福；君主在这类情形下也订立了人民所订的约定，而且既使在最强暴的专制制度之下，他也不能破坏自己的誓言而又不同时立即取消了他的臣民的誓言。"因此就需要经常弄清楚，这些条件是否履行了，从而君主的意志是否确实是公意；而人民则是这个问题的唯一裁判者。法律就像纯金，它是不可能用任何办法改变其性质的；第一下的考验就立刻使它恢复了它的自然形态。"——译注

3　十人执政官：即罗马共和国的十人委员会，这是一个拉丁文的名词，表示"十人"。不同形态的十人委员会，包括法律的制定，具备执政官的统治大权，控诉的判决，献祭的实行，以及公共土地的分配。

所以，编订法律的人就没有任何的立法权利，而且也不应该有这种权利；而对于人民来说，就算愿意，也不能剥夺自己的这种不可转移的权利。这是因为，基本契约规定，只有公意才能约束个人，而一种个别意志，只有举行过了人民的自由投票，我们才能确定它是不是符合公意。关于这一点，我在前文中已经谈到过，但在这里我觉得还有必要再强调一遍。

因此，在立法工作中，我们就发现了有两种看起来不相容的东西：它是一项人力所不能完成的事业，然而，要完成这一事业，它又是一种无足轻重的权威。

这里还有一个很值得大家关注问题。如果智者们不用通俗的语言来向人民说话，而是用自己的语言，那人民就不知道智者们在说什么。可是，许多思想和观念用人民常用的语言是不好表达的。这就像人民无法实现自己太遥远的目标一样，它们都不是人力所能及的。我们普通的个人是不怎样关注政府计划的，我们只关注和自己利益有关的计划，良好的法律要求他们不断地作出牺牲，他们可以从中得到怎样的好处？他们很难认识到。因此，我们必须使人们在法律出现之前，便可以成为本来应该是由于法律才能形成的那种样子，并且使本来应该是制度的产物的社会精神转而凌驾于制度本身之上，这样才能使一个新生的民族，能够爱好健全的政治准则，并遵循国家利益的根本规律。如此一来，立法者便既不能使用说理，也不能使用实力；这就有必要求之于另外一种权威[1]了，这种权威不用论证而能说服人、不用暴力而能约束人。

在历史的长河中，各国的先辈们不得不求助于上天，并赋予神明以无比的荣耀。这就是为了使人民能够像遵守自然法一样遵守国家法

1 另一种权威：指宗教，见本书第4卷，第8章。即“一种不以暴力而能约束人、不以论证而能说服人的权威”。——译注

法律，为了使人民能够自由地服从并能够驯顺地承担起公共幸福的使命，为了使人民承认人的形成和城邦的形成是由同一个权力完成的[1]。

这种崇高的道理是超乎常人的智力之外的，这也使立法者把自己的决定假托神明之口说出来，就是为了让神圣的权威来约束那些为人类的深思熟虑所无法感动的人们。但是，不是当他自称是神明的代言人时，他便能为人们所相信，也并不是人人都可以以神明的身份说话。立法者的使命是伟大的，这一点有其伟大的灵魂来证明。人人都可以假托通灵，或者训练一只小鸟、说它是神鸟，或者刻石立碑、贿买神谕，甚至会有人用卑鄙手段来蒙蔽人民。不过，只会搞这一套的人有时也能偶尔纠集一群愚民；但是，他那种荒唐的把戏很快地也就会随他本人一起破灭，他更建立不起来一个帝国。唯有智慧才能使自己的威望长存，而虚假的威望只能在当时形成一种联系，过后就会被人遗忘。十个世纪以来统治着半个世界的伊斯美[2]子孙们的法律，迄今为止仍然存在着的犹太法律，都在表明那些立法者的伟大。真正的政治学家会赞美那些立法者，说他们在主导着持久的功业，说他们是伟大而有力的天才；当然，他们也有被不公正对待的时候：虚骄的哲学与盲目的宗派精神只把他们看成是侥幸的骗子[3]。

从以上的论述里，我们可以得出这样的结论：在各个国家起源时，宗教是用来作为政治的工具。而不能像华伯登[4]一样，他的结论是：政治和宗教在世界上有着共同的目的。

1　卢梭在《论政治经济学》中说："要让我们的国家成为公民的公共母亲，要让公民在国家中享受种种利益，能使他们热爱这个国家；要让政府在公共事业中留给人民足够的地位，以使公民总感到像在自己家里一样；要使法律在公民的心目中只是一种保障公共自由的东西。"——译注

2　伊斯美：亚伯拉罕与埃及女佣阿加尔之子，亚伯拉罕在组长的妻子萨拉的唆使下，把伊斯美与母亲一起逐出了家门。传说伊斯美为阿拉伯人的祖先。——译注

3　侥幸的骗子：伏尔泰在《穆罕默德》中曾称穆罕默德为骗子。——译注

4　华伯登：1698—1779，英国神学家。这里引用的华伯登的话出自他的《教会与国家的联盟》第14篇。——译注

第08章　论人民

在立一座大楼之前，建筑设计师首先就要选好合适的地基，看是否适合在这里建楼。明智的创造者和建筑设计师一样，事先要考察一下，他要为之而立法的那些人民是否适宜于接受那些法律，而并不是急着从制定良好的法律本身入手。正是因为这一点柏拉图才拒绝为阿加狄亚人和昔兰尼人[1]制定法律，他知道这两个富有的民族是不会接受平等的。所以在克里特虽有好的法律，但我们却看到四处都是极坏的人民，因为米诺王[2]治下的人民就是邪恶的。

在世界上，有无数个不能忍受良好法律的国家都曾显赫一时；也有一些国家能够接受良好的法律，但那也只是在一个极为短暂的时期内能做到这一点，长久地坚持下去就不行了。大多数民族就和普通的一个人一样，过了青春时代的驯顺期，年纪就慢慢增大，当坏的习俗和偏见一旦确立，并在民众中生根的话，就再也无法改变了，想改变不仅是徒劳的还很危险。就像那些愚蠢的国家又从死灰中复活，并且脱离了死亡的怀抱，重新获得青春的活力；这时，对过去的恐惧代替

1　阿加狄亚：古希腊的一邦，位于伯里奔尼苏半岛上。据说阿加狄亚的美加里城曾请求柏拉图为该城立法。昔兰尼，非洲北岸的古希腊殖民地。据普鲁塔克《英雄传》的记载，柏拉图曾拒绝为昔兰尼人立法。——译注

2　米诺王：传说中古代以智慧著称的克里特之王。——译注

了遗忘。莱格古斯时代的斯巴达[1]、塔尔干[2]王朝以后的罗马都是这样，我们当代的荷兰和瑞士[3]，在驱逐了暴君之后也是这样。

然而，这种事情只是例外，它们在一般情况下是很少出现的，它们之所以是例外的就是因为国家的特殊体制。即使在同一个民族，这种特例甚至不会出现两次，当政治精力衰竭时，它就不再能如此了；因为只有在人民野蛮的时候，它才能使自己自由。可是那时候，动乱已经毁灭了人民，而革命却不能恢复它；一旦枷锁被打破之后，人们就会像一盘散沙一样，瞬间就会消失在风雨中。自此而后人们就只需要一个主人，而不是需要一个解放者。世界上所有自由的人民一定要记住这条定理："人们永远不能恢复自由，但却可以争取自由。"

青春和幼年不一样，就像人一样，每个民族都有一个成熟的时期。我们使他们服从法律，必须在这个时期才行。但是，一个民族怎样才算成熟是不好判定的，如果人们判定错了，提早进入了这个时期的话，那最后注定会失败的。有些民族不管怎么样都接受不了纪律的约束，另一些民族就可以。因为俄罗斯人开化得太早了，所以他们永远也不会真正地开化。在模仿方面，彼得[4]是个天才，但他没有创造性，不能凭空制造出一些东西，并不是个真正意义上的天才。他虽然做了不少好事，但做的更多的事却是不合时宜的。他知道，他的人民

1　斯巴达：是古代希腊城邦之一，斯巴达城位于中拉哥尼亚平原的南部，欧罗塔斯河的西岸。斯巴达城是个战略要塞，三面环山，扼守着泰格特斯山脉。斯巴达以其严酷纪律、独裁统治和军国主义而闻名。斯巴达的政体是寡头政治。在伯罗奔尼撒战争中，斯巴达及其同盟者战胜雅典军队并霸权整个希腊。但斯巴达在称霸希腊不久便被新兴的底比斯打败，在北方的马其顿崛起后，斯巴达失去了在希腊的影响力。——译注

2　塔尔干：公元前七至六世纪的罗马王朝。——译注

3　荷兰原为西班牙属地，十六世纪末十七世纪初，荷兰驱逐了西班牙人，从此开始独立；瑞士原为神圣罗马帝国属地，十四世纪末，瑞士逐渐摆脱罗马帝国的统治，获得了独立。1648年，威斯特法里亚条约承认了两国的独立。——译注

4　彼得：即彼得大帝，是后世对沙皇彼得一世的尊称。彼得一世(1672—1725)，俄国罗曼诺夫王朝第四代沙皇(1682—1725年在位)，俄国著名统帅。1682年即位，早期由其姐姐摄政，1689年掌握实权。作为罗曼诺夫朝仅有的两位"大帝"之一，彼得大帝一般被认为是俄国最杰出的沙皇。他制定的西方化政策是使俄国变成一个强国的主要因素。——译注

是野蛮的；但他不知道的是，他们还没有成熟到可以开化的地步。当他的民族还只能接受锻炼时，他却想要他们接受文明。彼得想把俄国人[1]变得和德国人或者英国人一样，但他其实最应该做的就是塑造俄国人自己的性格；他的臣民们本来就不是英国人或德国人，而他却非要他们成为那种人，这就使他的臣民们永远也成不了他们本来该成为的那种人。有一位法国教师，培养他的学生也是这个样子，他想让自己的学生在幼年时就誉满天下，但最后他的学生们终究没能出名，一直碌碌无为。想要征服全欧洲的俄罗斯帝国最后有可能被别人征服，它的附庸兼邻居的鞑靼[2]国实力正盛，在不久的将来，这个国家也许会成为全欧洲的主人，我认为这场动乱也许一定会发生。

为了让革命快些到来，所有欧洲的国王都在努力着。

1 卢梭《科西嘉制宪拟议》："我们必须遵循的第一条规则就是民族特性。一切民族都有或者应该有民族特性；如果他们缺少民族特性，就必须先着手赋给他们以民族特性。"卢梭《波兰政府论》："应该小心翼翼地保存那种好处；对于那样傲慢的沙皇的所作所为，我们恰好应该是一反其道而行之。"——译注

2 中国古代北方游牧民族名称，自唐迄元先后有达怛、达靼、塔坦、鞑靼、达打、达达诸译，其指称范围随时代不同而有异。——译注

第09章　论人民（续一）

发育良好的人，他的身体都有一个限度，超过或达不到这个限度，就只能成为巨人或者侏儒，也就违背了大自然的规律。一个体制良好的国家也有一个限度，它在幅员方面也有一个限度，使它既不会太小以致不能维持自己，也不致太大而不能很好地加以治理。每个政治体都有一个力量的极限，使它自己不能逾越的极限，一旦突破了这个极限（包括国家变大或变小），那社会关系就跟随着扩张或缩小，通常情况下，小国在这一方面会做得更好。

上述这个结论，我们可以找到很多论点来证明它。首先，国家越大，它的行政也就越困难；这就像一个杠杆一样，杠杆越长则它的顶端的分量也就越重。行政负担随着层次的繁多而就越来越重：首先，人民需要负担每个城市的行政；其次，人民需要负担每个州的行政；再就是省，然后是大区政府、巡抚府、总督府……一直到压垮一切的最高行政。总而言之，越往上负担就越重，而且这些负担都是由基层的人民来承担。一层一层的超额负担不断地消耗着臣民；比起在他们之上若是只有一个行政的话，这种种不同等级的治理方式只会更坏。万一有个什么意外，他们是没有余力来应付的；而在必须想办法来应急的时候，国家离灭亡也就不远了。

还远不止这些。这样的政府缺少勇气和活力，不能够果断地执行法律，当出现动乱时，政府不能够阻止，渎职滥权的行为可能使遥远的地方发生叛乱，他们也阻止不了。不仅如此，在这样的政府管理下，人民是没有一点爱国情怀和民族自豪感的：许多同胞公民他们是不认识的，他们是永远也见不到首领的，祖国对于他们来说就像是茫茫的世界。

不同的地区有不同的情况，它们各自生活在迥然不同的气候条件下，就不可能接受同样的政府形式，所以同一个法律也就不能适用于太多的地区。但是，如果一个国家出现不同的法律，又会在人民中间造成纠纷与混乱；因为他们是在同一个首领的管辖之内，他们互相往来或者通婚，他们在不断的交往中顺从了别人的种种习俗，所以他们自己也不知道，他们世袭的遗风，究竟还是不是他们自己的了。在这样一种彼此陌生的情况下，全靠着一个君主才把这些人聚集在一起。在这里，德行被漠视，才智被埋没，罪恶不会被惩罚，正义得不到伸张。首领们通常不会亲自视事，也许是他们的事情太多了，而真正治理国家的是一群僚属们。在那些遥远的地方，官吏们会规避公共权威，或者窃据更高的行政权。为了避免这些情况的出现，首领采取方方面面的措施，甚至会耗尽全部的公共财力和物力。如果像上面所说的，首领哪还有精力来关心人民生活得怎么样？这就造成了首领在必要的关头无法保护人民。一个体制过于庞大的共同体，在其自身的重压之下，就是这样慢慢被削弱直至灭亡。

另一方面，所有的人民都有一种离心力，这种离心力就像笛卡尔所说的漩涡一样[1]。它使人民摩擦不断，矛盾在相互之间不断发生。为了避免这样的事情发生，国家不得不作出种种努力。国家应该被赋予一个坚固的基础，使它能够经受住种种震荡。如果国家没有这样的基础，使大家能处于一种平衡状态，使压力在各方面都接近于相等，那弱者随时会有被吞并的危险，到最后谁也难以幸存。

由上可知，扩张和收缩都需要各自的理由。在这两者之间，如果有人能找到一种对国家生存最有利的标准，那这个人一定有卓越的政治才能。可以这样说，在一般情况下扩张只是外在的、相对的，而收缩是内在的、绝对的，所以前者就应该服从于后者。人们必须追求的首要目标就是有一个健全有力的体制；我们不能只看到一个广阔的领土所提供的资源，而更应该重视一个良好的政府所产生的作用。

还有一种这样的国家[2]，对外征服就是它国家体制本身就包含着的东西，这些国家就是靠无休止的扩张来维持下去的。它们对自己能不断地征服别的国家而沾沾自喜，不过，在它们鼎盛的时候，也是它们即将走向衰亡[3]的时候。

1　笛卡尔：1596—1650，笛卡尔是伟大的哲学家、物理学家、数学家、生理学家。解析几何的创始人。欧洲近代资产阶级哲学的奠基人之一，黑格尔称他为“现代哲学之父”。在哲学方面，他自成体系，熔唯物主义与唯心主义于一炉，在哲学史上产生了深远的影响。同时，他又是一位勇于探索的科学家，他所建立的解析几何在数学史上具有划时代的意义。他的代表作品有《方法论》、《几何学》、《屈光学》、《哲学原理》、《论光》等。笛卡尔堪称17世纪的欧洲哲学界和科学界最有影响的巨匠之一，被誉为“近代科学的始祖”。笛卡尔认为，太阳的自转带动周围的细小物质以太阳为中心形成巨大的漩涡。物质以各种不同的形状、大小和速度经常处于兜圈子的漩涡状态。——译注

2　这样一种国家：指罗马。——译注

3　衰亡：在《罗马盛衰原因论》中，孟德斯鸠认为这就是罗马衰亡的原因。——译注

第10章　论人民（续二）

衡量政治体可以用两种方式：一是领土的面积，二是人口的数目。在这两种衡量方式之间，存在着一个可以使一个国家伟大的比例。土地养活了人，而众多的人组成了国家。因此这一比率就是：土地足以养活生存在这里的居民，而且土地所能够养活的居民人数，恰好就是国家的总人口数。一定数目的人民最大限度的力量，恰恰就是在这一比例中被发现；因为如果土地不足，国家就会向邻国借土地，但那个邻国不会把土地借给别的国家，这也是战争形成的原因之一；如果土地过多，不仅防卫起来会很艰难，物产也会过剩，许多土地被荒废，别的国家也会嫉妒这个国家的国土面积，这也是形成防御性战争的一个原因。如果一个国家的人民只能在商业或者战争中选择的话，它本身必然是不稳定的，它依赖于局势，它依赖于邻国，那这个国家的存在一定是不安的、短暂的。它要不就被别人征服，最后导致亡国；要不就去征服别人，改变自身的环境。它只有在大到世界闻名或小到微不足道的情况下才能够保全自己的自由。

土地的质量、它的肥沃程度、物产的性质、气候的影响是在不断地变化着的，所以我们是无法确切地计算出使土地的广袤与人口的数目这两者得以互相满足的比率的；另一方面，不同地区的居民也有着差异：有人居住在贫瘠的土壤上，消耗却很大；有的人居住在肥沃的地方，消耗却不大。再有就是国土对于人口有利与否的情况、立法者的各种制度、妇女生育力的大小对此都有一定的影响。因此，立法者就应该依据自己所能预见到的来做判断，而不应该依据自己所见到的；应该站在人口自然会达到的状况上来做判断，而不应该只站在人口的实际状况上。除此之外，由于地方又可能会出现一些特殊的事情，这就要求他们所需要的土地多于他们拥有的。所以，山区就和平原不一样：这里的人土地不足，并且大片倾斜的山地上也只有小块的平地才能指望耕种，他们就需要开垦土地；山地森林、牧草等自然资源丰富，不需要多少劳动力就能忙得过来；根据以往的经验，与平原上的妇女相比，这里的妇女生育力更强。这和在海滨的人们是不一样的，海滨的人土地也不多，而且他们不但不会开垦土地，反而会减少自己土地的拥有量。这是因为这里的居民更需要聚集在一起，这样抵御海盗的时候更方便，所以他们不能住得太过分散。还因为人们在这里更容易以殖民的办法来减轻国土上负担过多的人口；另外，他们主要以打鱼为生，这个很好地缓解了土地的不足。

除了这些条件之外，要为一个民族创制，还必须再加上一个条件。虽然这个条件不能代替其他任何一条，但是，如果没有这个条件就无法为民族创制。那就是人们必须安居乐业、生活富足。因为一个国家在形成时就像一支正在组建的军队一样，这个时候是这个共同体最缺乏抵抗力的时候，而且是最容易被颠覆的时候。在时局混乱的时候，人们的抵抗力比在时局混乱前夕要强烈得多；因为在时局混乱的前夕，大家关注更多的只是自己的地位，而顾不上危险。假如一旦混乱发生（战争、饥馑或者叛乱），国家在这个关键的时刻[1]就必定会倾覆。

时局为什么会混乱呢？是不是因为没有建立政府呢？不是的，相

1 关键的时刻：指为人民订立新法律的时刻。——译注

反，在这一期间，建立过许多政府，但出人意料的是，正是这些政府毁掉了国家。那些篡权者总是浑水摸鱼，总是利用公众的恐惧来制造许多麻烦，他们在人民不冷静的情况下，利用人民通过了一项又一项破坏法律的政策。要区别立法者的行为与暴君的行为，创制时机的选择是一项重要的根据。

那么，什么样的人民才适合立法呢？那就是那种没有根深蒂固的传统与迷信的人民；就是那种虽然已经由于某种起源、利益或约定而联系在一起，但还完全不曾负荷过法律的真正羁绊的人民；就是那种自身既不参与四邻的争端，而又能独力抵抗任何邻人或者是能借助于其中的一个以抵御另一个的人民；就是那种不怕被突然的侵略所摧毁的人民；就是那种不需要其他民族便可以过活，而所有其他的民族不需要他们也可以过活的人民；就是那种既不富有也不贫穷而能自给自足的人民；就是那种其中的每一个成员都能被全体所认识，而他们又绝不以一个人所不能胜任的过重负担强加给某一个人的人民；除此之外，还得是那种能集合古代民族的坚定性与新生民族的驯顺性的人民。立法工作之所以艰难，最难就是在于那些必须破坏的东西，而不在于必须新建什么东西。这一工作很少能成功，就是因为人们不可能把社会的种种需要与自然的单纯性结合在一起。这一工作确实很难完成，这一点必须承认，所以体制良好的国家是很难见得到的。

科西嘉岛[1]是欧洲仅剩的一个可以立法的国家，在恢复与保卫他

1 **科西嘉岛：科西嘉岛是地中海第四大岛。位于法兰西共和国大陆东南，南隔博尼法乔海峡与意大**利撒丁岛相望。1729年发生了反对热那亚人的叛乱，其后一个阶段该岛局势动荡不安，1755年因民族主义领袖保利建立科西嘉共和国之举而达到高潮。此时热那亚人只能控制沿海少数几个城镇，保利遂将科西嘉其他地区组织成为一个独立的民主国家并制定一部相当自由的宪法。1755—1769年，14年的统治期间，保利领导科西嘉人大力重建、革新，抑制仇杀活动，成立一所大学和印刷厂，建立一支科西嘉的海军。然而在1768年，被挫败的热那亚人将他们在科西嘉的权力卖给法国人，法军大举入侵该岛，几周之后，保利逃亡至英国。拿破仑于1769年8月15日出生于科西嘉岛的阿雅克肖。同年科西嘉并入法国为一行省。自此之后，除1794—1796年为英国占领以及1942—1943年为德、意短暂占领之外，该岛一直为法国一省。——译注

们的自由的时候，这个勇敢的民族所具有的豪迈与坚决是值得让上帝眷顾的。我有这样的预感：这个小岛总有一天会令全欧洲震惊的。

第11章 立法体系的多样性

应该说，一切立法体系的最终目的，就是使社会上的全体人民能够获得最大的幸福。那人民最大的幸福究竟是什么呢？如果我们讨论一下，便会发现自由与平等就是我们想要的结果。自由是一切个体的依附时都要削弱国家共同体中同样大的一部分的力量；平等是自由的基础，没有平等就没有自由。

至于什么是社会的自由，我在前面已经谈过了。那么平等该怎么理解呢？平等一词就权力来说，它应该不能成为任何暴力的，而且只有凭职位与法律才能加以行使；从财富方面来说，就算一个公民再富有也不能购买另一个公民，也没有一个公民穷到不得不出卖自己的地步。但平等绝不是指权力与财富的程度应当绝对相等。所以，一方面小人物必须节制自己的贪婪，而另一方面大人物必须节制财富与权势。

有人说这种平等只是想象出来的，在现实中是绝不可能存在的。但如果滥用权力是不可避免的，那么，是不是就应该一点也不去纠正它了呢？立法的力量就应该总是倾向于维持平等，因为事物的力量总是倾向于摧毁平等的。

可是，在每个国家，这些一切良好制度的一般目标，都应该按照当地的形势以及居民的性格这两者所产生的种种对比关系来加以修改。正是在这种种对比关系的基础上，我们给每个民族都确定一种特殊的制度体系，这种制度体系对于别的国家来说，也许不是最好的，甚至是不适合的，但它对于本国来说应该是最好的。比方说：对于居民来说，国土是过于狭隘了吗？土壤是荒瘠不毛的吗？如果是这样，你就会缺乏粮食，那就转向工业和工艺方面去吧，你可以用它们的产品来交换食粮。反过来，如果你那里地广人稀，而且你拥有大量的肥沃土地；那你就别向工业和工艺方面发展了，你就专心致力于农业和繁殖人口吧。工艺把一国仅有的少量人口都集中在几个地方，结果只能造成国家人口的减少，它只适合没有土地的一些人。假如你是生活在海边，占有的是广阔的海岸线，那你就经营商业与航运，将船舶布满在海上吧。你的一生将是一个光辉的历程，也许它是短暂的。在你生活的海洋沿岸上，如果有几乎无法攀越的岩石，那你做个野蛮的渔人吧，你就会因此生活得很安心、很平静，而且无疑还会更幸福、更美好。

综上所述，每个民族除了一切人所共同的准则外，它自身也包含某些原因使自己必须以特殊的方式来规划自己的秩序，并使自己的立法只适用于自己这个民族。所以，雅典人便以文艺为主要目标，古代的希伯来人、近代的阿拉伯人便以宗教为主要目标，迦太基[1]与提尔[2]

1　**迦太基，该词源于腓尼基语，意为“新的城市”，坐落于非洲北海岸(今突尼斯)，与罗马隔海相**望。位于突尼斯城东北17公里处，濒临地中海，是奴隶制国家迦太基的首都。最后因为在三次布匿战争中均被罗马打败而灭亡。公元前九世纪末，腓尼基人在此建立殖民城邦。公元前七世纪，发展成为强大的奴隶制国家。首都迦太基城。疆域包括北非西部沿海，西班牙南部，西西里大部以及科西嘉、撒丁岛和巴利阿里群岛，垄断西地中海海运贸易。公元前三世纪七十年代，罗马对外扩张，成为迦太基的劲敌，爆发了古代史上三次著名的“布匿战争”。公元147年，迦太基城被罗马军夷为平地。——译注

2　**提尔**：**是古代腓尼基著名的城市，也是北欧神话中战神的名字。始建于公元前3000年之初，最**初是由一个大陆定居区和一个离岸不远的中等规模的岛屿城市组成。但直到公元前1000年，这个城市才达到鼎盛时期。公元前10世纪，提尔的国王海拉姆通过填海造陆的方法将两个岛屿连接起来。随后他又用同样的方法在浩瀚的海洋中营造出相当可观的陆地。腓尼基人的扩张开始于公元前815年，当时来自提尔的商人在北非建立了迦太基。最终它的殖民者遍布地中海和大西洋沿岸，同时也为这个城市带来了繁荣的海上贸易。然而，繁荣和富强也引来了敌人的垂涎，从公元前6世纪初开始，提尔相继受古巴比伦、古罗马统治。在十字军东侵之后逐步衰落，第一次世界大战结束后，提尔划入黎巴嫩的版图。——译注

以商业为主要目标，斯巴达以战争为主要目标，罗德岛[1]以航海为主要目标，而罗马则以道德为主要目标。对于上述这些各个民族的目标，《论法的精神》的作者有大量的例证，他指出了立法者是如何通过不同的方式将自己的民族引向各自的目标。[2]

如果人们能够这样来因时而动，协调好自然关系与法律的关系，就能使一个国家的体制真正得以巩固并持久。我们甚至可以这样说：法律只不过是在伴随着、保障着和矫正着自然关系而已。但是如果立法者采取的原则不同于由事物的本性所产生的原则，也就是说，立法者在目标上犯了错误，这就会导致一个趋向于和平而另一个则趋向于征服，一个趋向于财富而另一个则趋向于人口，一个趋向于奴役而另一个则趋向于自由；那么，体制就会改变，国家会不断地动荡，同时我们还可以看到法律会不知不觉地削弱。最后，国家不是毁灭就是改组重建；这样的话，人民又回到了自然的状态[3]。

---

1 **罗德岛**：希腊佐泽卡尼索斯群岛的最大岛屿，位于爱琴海最东部，与土耳其隔马尔马拉海峡相望。随米诺斯文化的解体，成为具有青铜器时代晚期文化的强大独立王国。多里安人统治时期，岛上各城市在地中海各地进行贸易，向意大利、西西里、西班牙和小亚细亚殖民，并控制了爱琴海几个岛屿。395年起受拜占庭统治。653—658年和717—718年被萨拉森人占领。曾被各路十字军用作休整和补给港。1523年后由土耳其统治。1912年落入意大利之手。1947年归属希腊。——译注

2 **见孟德斯鸠《论法的精神》第11章，第5节：“一般来说，虽然所有国家都有一个相同的目**标，就是保持不变，但是每一个国家又有其独特的目标。扩张是罗马的目标；战争是拉栖弟梦的目标；宗教是犹太法律的目标；贸易是马赛的目标；太平是中国法律的目标；航海是罗德人法律的目标；天然的自由，是原始的保安的目标；君王的欢乐，一般来说，是专制国家的目标；君主和国家的荣誉，是君主国家的目标；各个人的独立性是波兰法律的目标，而其结果则是对所有人的压迫。”——译注

3 **自然的状态**：**这里的意思是假如说自然与法律二者有分歧的话，那么，自然获得胜利，人类将**重新回到不受约束的自然状态，但生命和财产却得不到保障。——译注

第12章　各种类型的法律

需要考虑各种不同的关系，才能把整体管理得很有条理（为了赋予公共事物以最好的可能形式）。第一种关系就是整个共同体对其自身所起的作用，也就是掌权者对国家的比率，或者说是全体对整个共同体的比率[1]；我们后面还会提到这个比率，它是由我们在后文中提到的比例中项（即政府，见本书第3卷，第1章）构成的。

规定这种比率的法律就叫做政治法，假如这种法律是符合人的自由和平等的，我们也可以称它为根本法。因为每个国家都有一种规划秩序的好方法，但不是所有的国家都能找得到，如果找到了就要坚持；但如果规划秩序的方法是不对的，是妨碍人们美好生活的法律，那人们为什么还要采用这种法来作为根本法呢？不仅如此，人民无论在什么情况下都是可以做主改变自己的法律的，既然不适合，那就换一种法律。假如人民若是喜欢自己损害自己的话，就算是最好的法律也有权利更改，谁也阻拦不了他们这样做。

第二种关系是成员之间以及成员对整个共同体的关系。就前者而言，这一比率应该是尽可能地小；就后者而言，又应该是尽可能地大。这样的好处是，对于城邦而言，每个公民都处于依附的地位；对

1　比率：在这一比率中，指人民所具有的双重身分：一方面，人民必须服从主权，遵守号令；同时另一方面又享有主权，行使主权。——译注

于其他一切公民，个人都处于完全独立的地位。这种结果总是通过同样的方式来实现的，因为成员的自由只有靠国家的力量才能实现。民法正式产生于这第二种比率。

关于个人与法律之间的关系，还有第三种，就是违法与惩罚的关系。刑法就是由这一关系而形成和确立的，从根本上来说，刑法是对其他一切法律的制裁，是一种最为特别的法律。

除了上述的这三种法律之外，还有最重要的一种法律。这种法律没有被放进宪法里成为铅字，也没有被刻在大理石或铜表上，它已经被人民装在了心里。国家的体制和结构就好似是以它为基础而形成的，它每天都在获得新的力量，它可以保持一个民族的创制精神，而且可以不知不觉地以习惯的力量代替权威的力量，当其他的法律过时或失效的时候，它可以使它们复活或代替它们。我说的这个方面，是我们的政论家[1]所不认识的民风、习俗，尤其是舆论，但这一方面的因素是其他一切方面成功的原因。所有伟大的立法家们，尽管表面上好像把自已局限于制定个别的规章，但他一有时间就会专心致力于这个方面。其实，这些规章都只相当于法律的支架，而唯有慢慢形成的民风才是法律最顶端、最耀眼的地方。

我们以上提到了不少中法，但我后面的论题只牵涉到一种，那就是构成政府形式的政治法。

1　我们的政论家：指孟德斯鸠，他在《论法的精神》第19卷中有这样的论述“假如世界上有一个民族，它喜好交际、心胸豁达、热爱生活、有风趣并善于表达思想。这个民族的人们活泼、愉快，有时洒脱不拘，常常显得有些冒失。然而人们具有勇敢、大度、坦率和某种程度的荣誉感。就不应该企图通过法律去妨害他们的习俗，以免伤害他们的道德民风。如果个性一般说来是好的，那么有些缺点也是无关紧要的”。——译注

第三卷

我们先来确定政府这个名词的严格意义，再谈政府的各种不同形式。因为，到现在为止，这个词还没有一个很好的解释。

第01章　政府总论

本章必须仔细阅读，这一点请读者注意；不然的话，你就不能很好地理解我的观点。

一切自由的行为都是由两种原因结合而产生的：一种是精神的原因，另一种是物理的原因。其中精神方面的原因决定这种行为的意志，而物理方面的原因，是我们看得到的，就是执行这种行为的力量。例如，当我走在路上的时候，首先想到的就是我要去哪里，去干什么；其次，是由我的一双腿带我到那里去的。假如一个矫健的人不想跑，一个瘫痪的人却想跑，那最后的结果就是这两个人都将只停在原地。政治体具有一样大的动因，我们从中也能辨别出力量和意志；前者叫做行政权力，后者叫做立法权力。没有这两者结合在一起，那就什么事都办不成。

立法权力属于人民，且只能属于人民，这一点我们已经知道。反过来，根据以前所确定的原则（见本书第2卷，第4、6章），我们很容易看出行政权力并不能具有像立法者或掌权者那样的普遍性。这是因为因为，行政权力只包括一些根本不属于法律范畴的个别的行动。掌权者的一切行为都只能是法律的，那么行政权力也就不属于掌权者的能力。

因此，必须有一个适当的代理人，来把公共力量结合在一起，并使它在公意的指挥下。然后，我们对它加以运用，它可以充当国家与掌权者之间的联系。它对公共人格所起的作用是至关重要的，就像灵魂与肉体的结合对一个人所起的作用一样重要。

而这个代理人就是政府。政府是什么？就是在臣民与掌权者之间所建立的一个桥梁，它负责执行法律并维持社会的以及政治的自由。由上面的论述，我们已经知道了政府的重要性，这也是国家之中所以要有政府的原因。一般情况下，我们总是不清楚政府和掌权者的区别，其实政府只不过是掌权者的执行人。

那么政府的领导者或者说执政者的首领就叫做行政官或者国王，而这整个的政府体则称为君主。所以，人民服从首领的行为，有人认为这并不是履行一项契约。实际上，这话说得不错[1]。在这一种行为里，人民是掌权者的官吏，人民只是被掌权者任用；是以掌权者的名义，掌权者把权力托付给他们，让他们代自己行使着权利，掌权者随时可以限制、改变和收回这种权力（见本书第3卷，第16章）。转让这样一种权利既然是与社会共同体的本性不相容的，所以也就是违反结合的目的的。

根据以上的论述可以作一个总结：关于行政权力的合法运用，我称之为政府或最高行政，关于负责这种行政的个人或团体，我称之为君主或行政官。

中间力量存在与政府之中，它的比率就是掌权者对国家的比率，也就是全体对全体的比率。在一个连比例中，连比例的比例中项便是政府，首尾两项的比率就表示掌权者对国家的比率。从掌权者那里，政

1　正是因为这样，在威尼斯，人们称大议会为最尊敬的君主，即使当大公不出席的时候也是这样。——原注

府接受它向人民所发布的一切命令；并且为了使国家能够处于很好的平衡状态，在全盘加以计算之后，就必须使政府自乘的乘积或幂，与一方面既是掌权者而另一方面又是臣民的公民们的乘积或幂，二者相等[1]。

这三项中的任何一项都是不能变更的，否则这个比例立刻就会被打破。假如行政官想要制定法律，或者，假如掌权者想要进行统治。但臣民拒绝服从，就会导致力量与意志不再协调一致，规则就会被混乱代替，国家从而就会解体，进而陷入专制政体或是陷入无政府状态。[2]还有最后一点，我们知道每种比率之间只有一个合适的比例中项，以此而论，一个国家也只能有一个政府。但一个民族的这些比率会随着多种事情的变化而变化，所以不仅各个不同的民族可以有不同的好政府，而且在不同的时代，同一个民族也可以有不同的好政府。

为了让人明白这两个外项之间的各种比例，我下面以人口的数目为例，简单地说一下关于这方面的事。

假如有一个国家，它是由一万名公民组成的。这一万名公民，对于掌权者来说，只能都作为共同体来考虑；但是，分开来看，他们又都是不同的个体。于是，一个掌权者对一万个臣民，这个比例就是一比一万；换句话说，尽管他们必须全部地服从主权，但他们仍有万分之一的主权影响力。如果人民的数量增加到十万，新增的人和原先那一万人都一样担负着全部的法律；然而，对于原来的公民来说，他的表决权已经下降到十万分之一了，这样的话，他在制定法律时的影响也就更低了。这时候，随着公民人数的增加，掌权者的比率也在增加。由此可见，国家越大，自由就越小（见本书第1

1　这个数学公式是：掌权者政府＝政府国家；也就是：政府×政府＝掌权者×国家。这个公式的意思是：掌权者赋予政府的权力，应该等于政府所施诸于国家的行政权力。——译注

2　这几句话的意思是：假如掌权者权力过大，政治体便不能正常地行使职能；假如政府权力过大，就会成为暴政；臣民权力过大，则成为无政府。——译注

卷，第6、7、8章）。

我所谓比率增大的意思是它离相等更加远了。因此，从几何学上来看，大的比率在通常的意义上就是小的比率：比率在几何学上是从数量来考虑的，是以数据来衡量的；而在现实中，比率是以相似值来计算的，是从相等的角度来考虑的。

因此，个别意志与公意，也就是说民风与法律的比例越是不协调，那弹压的力量就应该越大。所以，一个政府要想成为好政府，就应该随着人民数量的增加而相应地增加权利。

另一方面，随着国家的扩大，那些公共权威的受托者有了滥用职权和行贿受贿的问题。因此，当政府加大力度来约束人民的时候，掌权者也应该约束政府。我这里说的力量是国家各个不同部分相对的力量，而不是绝对的力量。

从这两个比率可以知道：掌权者、君主与人民三者之间的连续比例是政治体的本性的必然结果，而决不是一项凭空想象的观念。不仅如此，据此我们还可以知道：首尾两项中有一项相当于作为臣民的人民，它是恒定不变的等于“一”；所以，单比例随着双比率每一次增大或者缩小而相应地增大或者缩小，中项也就随之改变。还可以看出：因为国家大小的不同，也就相应地要有与此相对应的、性质不同的政府，也就并不存在什么一种唯一的、绝对的政府体制。

也许有人会嘲笑这样的公式：按照我的办法，为了发现这个比例中项、组成政府共同体，只要算出人口数目的平方就可以了。我会这样回应有以上想法的朋友：我这里引用的人口数目只是一个例子，我所说的比率实际情况要复杂得多，一般要结合许多其他因素的作用量[1]来衡量才行，并不能仅仅以人数来衡量；此外，我暂时借用了几何学的名词，只是为了表述起来更简单，让大家明白我的我的意思；但同时，抽象的数量是精确的几何学所不能全部地表达出来的。

政府实体中包括政府，政府就是大型政治共同体的缩影。它是被赋予一定权利的法人，它像国家一样是被动的，又像掌权者一样是主动的。我们还可以把它再分解，又会产生其他类似的比率。这些新的比例按执政的等级还可以再有比例，还可以再分……一直到一个不可再分的中项为止。最后，可以分到唯一的首领或者最高行政官，他可以被认为是代表这一整个序列之中的分数级数与整数级数之间的“一”。

让我们抛开这些让人头疼的名词吧，我们只要认识到这一点就行了：政府和人民以及掌权者不同，它是国家之内的一个新的共同体，是人民和掌权者之间的中间体。

但是，这两种共同体的区别是明显的：政府是由于掌权者的存在而存在，而国家是由于它自身的存在而存在。所以君主的统治意志就只能是公意或法律，他是没有什么力量的，他的力量是公共力量的结合。所以，假如他想独立行动，想使自己获得某种绝对的权利，就会使整体的联系开始涣散。如果到最后，君主的个别意志比掌权者的意志更为活跃，并且他还要让自己掌握的所有公共力量服从自己的个别意志，（也就是说，现在有了两个掌权者，一个是权利上的，而另一个是事实上的）那政治体也会立即解体，社会的结合也会立即消失。

但是，为了使政府共同体能够真正地生存下来，并能具有一种有

---

1 **作用量**：**在物理学里，作用量是一个很特别，很抽象的物理量。它表示着一个动力物理系统内**在的演化趋向。虽然与微分方程方法大不相同，我们也可以用作用量来分析物理系统的运动，所得到的答案是相同的。我们只需要设定系统在两个点的状态，初始状态与最终状态。然后，经过求解作用量的极值，我们可以得到系统在两个点之间每个点的状态。十七、十八世纪学者们所常用的一个术语，指用一定的力所完成的功。——译注

别于国家实体的真正生命；同时，这也是为了使它的全部成员都能共同协作，并能适应于创建政府的目的。要达到上面两个目的，那政府就必须是一个特定的我，有一种要求自我保存的固有意志，有一种力量，有一种为它的全体成员所共有的感情。这就需要有大会、内阁会议、审议权与决定权以及其他的种种权利，还需要属于君主所专有的各种特权，并且使行政官的地位与工作的艰难程度挂钩，他们的工作任务越是艰巨，应得的地位也就越加尊荣。那么，在整体之中，以什么方式安排这个附属的整体，使它能够分清以保存自身为目的的个别力量（政府力量）和以保存国家为目的的公共力量的区别，使它在确定自己的体制时，决不会变更总的体制。我们可以总结出这样的一句话：不是人民为政府牺牲，而是政府永远准备着为人民而牺牲。

政府这个人为共同体，是共同体实体（国家）的产物。从某些方面来看，政府只不过具有一种附属的生命。但是，这并不妨碍它拥有健壮的集体，在行动上，它也能够做到果敢和迅速。最后，它还可以因为政体形式的不同而偏离它创制的目的，但不会偏离得太过分。

国家一些偶然的，特殊的比率随时会使政府对于国家共同体所能具有的比率不断地发生变化。就算是本来最好的政府，随着它所属的政治体的缺点而改变它的比率的话，也会变成为最坏的政府。

第02章　论各种不同政府形式的建制原则

必须对君主与政府加以区分，才能揭开上一章那些差别的一般原因。在这一章里，我也要做出区分，就像我在上面区分国家与掌权者一样。

行政官共同体的组成成员，数目可多可少。我曾提到过，掌权者在人民的数目愈多的情况下对臣民的比率也就愈大；以此类推，政府对行政官（指参与政府会议并做出决策的高级官吏或最高行政官；见本书第3卷，第3章）的比率也是这样。

可是，政府所有的力量实际上永远都是国家的力量，这种力量是不会发生什么变化的。所以，假如政府把这种力量耗费在自己成员的身上，那它剩下来的力量就会减少，能运用在全体人民身上的力量也就相应减少。

因此，行政官的人数与政府的力量是成反比的。关于这个问题，我们要仔细讨论一下，因为这是一条根本性的准则。

我们可以在行政官的身上区分出三种本质上不同的意志：首先，个人固有的意志仅只倾向于个人的特殊利益；其次，全体行政官的共同意志唯有关系到君主的利益，我们才可以称之为团体的意志，就其对政府的关系而言，这一团体的意志是公共的，就其对国家（政府构成国家的一部分）的关系而言，则是个别的；最后，无论对被看作是全体的国家而言，还是对被看作是全体的一部分的政府而言，人民的意志或主权的意志都是公意。

在一个完美的立法之下：公意或者主权的意志永远应该是主导的地位，并且是其他一切意志的唯一规范，政府本身的团体意志应该是处在中间的位置，而个别的或个人的意志应该是地位最低的。

按照自然的次序，则和上面有着完全相反的结果：这些不同的意志越是集中就变得越活跃，所以，公意总是最弱的，团体的意志在中间，而个别意志则是最强的。因此，政府中的每个成员最先想到就是自己，然后是行政官，公民是他们最后想到的；与社会秩序所要求的相比，这种级差是完全相反的。

假如整个政府被一个人掌握着，那么，个别意志就和团体意志结合在一起了，因为他把这两种意志完全结合在一块了。这个时候，团体意志就前所未有地达到了最高的强度。但是，政府的绝对力量是丝毫不会变化的，而力量的运用要取决于意志的程度，依此我们可以得出这样的结论：最活跃的政府也就是一个唯一的人的政府。

另一方面，假如我们使掌权者成为君主，使全体公民统统成为行政官，把政府与立法权威合二为一；那么，团体的意志就和公意混为一谈，它不会比公意更有活跃性，从而个别意志仍然保留其全部的力量。如果是这样的话，尽管政府的绝对力量还在，但在相对力上或者说活跃性上已经降到了最低程度。

无论从哪一方面来考虑，这些比率都是无可辩驳的。比如，我们可以看到每一个处于其共同体之中的行政官，都要比每一个处于其共同体之中的公民更为活跃。所以，在政府的行动中，个别意志就要比在掌权者的行动中具有更大的影响；这是因为，对于每个公民来说，他们并不具有主权的任何职能，但每一个行政官差不多总是担负着某些政府职能的。而且，国家在扩大时实际力量也会随之增加，尽管实际力量的增大并不是和国土面积大小成正比。（见本书第2卷，第8、9、10章）但如果国家仍然是同一个国家，就算可以随意增加行政官的数目，政府的实际力量也不会加大，因为实际力量和国家的力量永远是相等的，实际力量就是国家力量，它的大小是一定的。如此一来，政府的绝对力量或实际力量并没有增大，相对力量或活跃程度反而会减少。

还可以肯定：负责事务的人越多处理得就越慢，过分谨慎导致人们不好把握时机，甚至会坐失良机；而且，人们在反复考虑下往往会失掉考虑的结果。

我在前面也已经论证过，人民的数目越多则制裁的力量也就应该越大；而通过本章的论述，我证明了行政官的行政越多越涣散。根据上述的两个观点，我们可以知道，臣民对掌权者的比率和行政官对政府的比率应该是成反比的；所以我们得到这样一个重要的结论：随着国家的不断扩大，政府就应该越紧缩；这是因为，随着人民的增多，我们要使首领的数目按比例地相应减少。

不过，大家要区别清楚，我这里谈论的不是政府的正当性[1]，只是它的相对力量。实际上，行政官的数目越多，则群体意志也就越接近于公意（见本书第2卷，第3章）；但是，正如我所说过的，这一团体意志，在一个行政官管理之下，只不过是一个个别的意志而已。有

1 正当性：即权力的运用符不符合公意。——译注

得必有失，而立法者[1]的工作内容，其中最重要的一点就是确定出一个最有利于国家的比率，使永远互为反比例的政府的力量与政府的意志得以结合。

1 立法者：这里的立法者不是指制定法律的掌权者，而是指“为人民创制”的人(可参看本书第2卷，第7章）。——译注

第03章　政府的分类

在前一章中，我们提到过为什么要按照成员的人数，来区分政府的不同类别或不同形式；在这一章中，我主要讨论怎样进行这种分类。

首先，民主制[1]政府形式：掌权者可以把政府托付给全体人民，或者托付给绝大部分的人民，从而使做行政官的公民多于个别、纯粹意义上的公民。

其次，贵族制[2]政府形式：也可以把政府仅限于少数人的手里，从而使单纯的公民的数目多于行政官。

第三，君主制[3]政府形式：还可以把整个政府都集中于一个独一无二的行政官之手，所有其余的人都从他那里取得权力。这也是最为常见的一种。

1　**民主制**：国家最高权掌握由选举产生，并有一定任期的国家机关或公职人员手中的政权组织形式。民主制是指国家的权力机关和国家元首由选举产生并有一定任期的政权组织形式。民主政体区别于君主政体，而且是作为君主政体的相对面而存在的。——译注

2　**贵族制**：奴隶制和封建制国家由少数贵族上层代表为统治者的政体形式。它分为两种：一种是存在于奴隶制国家的贵族共和制；另一种是存在于封建制国家的贵族君主制。贵族共和制最典型的国家是公元前5—公元1世纪的罗马共和国。国家最高官员是执政官。由公民大会从贵族中选出2人，任期1年；其他高级官员大部分也是选举的。——译注

3　**君主制**:君主制由君主，包括国王、皇帝、天皇、苏丹等担当国家元首。君主拥有至高无上的权力，君主的意志就是法律，不受任何约束。君主实行终身制，并且是世袭的。这种政治制度已有四五千年的历史。古代的奴隶制国家、封建制国家、多实行这种专制制度。但是，随着时代的进步，王室日趋平民化的风气已渐渐为大众所接受。欧洲和非洲的君主则大多“统而不治”，除了担任礼仪性的国家元首外，主要承担慈善性的社会工作。荷兰和北欧一些君主国的王室被称为“骑自行车的王室”。许多君主制国家已废除了不准王室成员与平民结婚的法律。——译注

一般来说，这几种政府形式[1]，特别是前两种形式或多或少都可以变动，有时变动的幅度还很大。因为，民主制可以缩小到人民的半数，也可以包括全体人民；而贵族制可以从人民的半数无限制地缩小到极少数的人。还不仅如此，就算是王位也可以被划分。例如：斯巴达是经常有两个王[2]的，这也符合它的宪法；我们还知道，在罗马帝国，甚至于同时有八个皇帝[3]；但是，我们并不能说罗马帝国是分裂的。因此每种政府形式总有某一点是与另一种形式相重叠的；而且，尽管只有这三种政府形式，但实际上，政府所能包含的各种不同的形式是很多的。

除此之外，在某些方面，同一个政府可以再分为不同的部分，一部分以一种方式施政，而另一部分则以特定的一种方式施政。所以，这三种形式的结合，出现了大量的联合形式，它们都是由这些简单的形式结合而来。

那么，什么才是最好的政府形式呢？在不同的时期，大家有不同的看法，一直未有定论；但这些争论的人却没有考虑到这样一点：在一定的情况下，某种形式是最适合某个国家的，但在另一种情况下，这种形式也许是最坏的。

假如最高行政官的人数在任何国家里应该与公民人数成反比，那在通常情况下，君王政府适用于大国，贵族政府就适用于中等国家，而民主政府就适用于小国。这条规律我们很容易发现，它是从原则里直接得出来的。但是，有许多例外的情况并不适合这个规律。

---

1 孟德斯鸠《论法的精神》第1卷，第2章：政体有三种类型：共和政体、君主政体、专制政体。即使是最没有学识的人们的见解也足以发现其性质。我假定三个定义，或者更确切地将它们称之为三个事实：共和体制就是全体人民或部分人民拥有最高权力的体制；君主政体意味着只有一个人统治国家，只不过遵循业已建立和确定的法律；至于专制政体非但毫无法律与规章，而且由独自一人按照自己的意志以及变化无常的情绪领导国家的一切。——译注

2 斯巴达有两个王：分别有两个氏族产生，一个王的主要职务是统率军队作战，另一个主要进行某些审判与祭祀。——译注

3 八个皇帝：罗马帝国后期，经常出现多个皇帝并存的局面，有时两个，有时四个，最多的时候甚至达到八个。——译注

第04章　论民主制

法律应该怎样被执行以及怎样被解释，没有比制定法律的人要更清楚了；所以，我们以为，最好的体制就是能把行政权与立法权结合在一起[1]。但是，也正是这个原因，使这种政府在某些方面存在着不足，它不能把行政权与立法权很好地区别开来。不仅如此，从另一些方面来说，这种政府就是没有政府的政府，因为君主与掌权者只是同一个人。

让制定法律的人去执行法律并不见得就是件好事；而对于实体的人民来说，把自己的注意力从普遍的观点转移到个别的对象上来，同样也不是什么好事。对一个国家来说，私人利益对公共事物的影响是最大的，但因为每个人都有自私的一面，立法者的腐化就是一种必然结果；相对来说，这种腐化远比政府滥用法律的危险要大。在本质上（公众的意志），国家在这个时候已经发生了变化，就是想对它进行改革也不行了。一个从不滥用政府权力的人民也不会滥用自己的独立自主权，一个经常能治理得很好的人民也不需要被别人来治理。

严格说来，我们虽然用“民主制”这一名词来称呼它，但真正的民主制一直都没有出现过，而且它也是不存在的。在一个国家里，少

1　结合在一起：两者结合在一起就是民主制。——译注

数人被多数人统治是违反自然秩序的。人民天天需要开大会来讨论各种公共事务，这是我们无法想象的；人民若是因此而建立各种机构，就会改变行政形式，这是显而易见的。

只要政府的职能被分摊到许多的机构上，那我就可以提出这样一个结论：少数人在这种情况下迟早总会获得最大的权利，哪怕仅仅是因为处理事务方便的缘故也会这样，出现这种情况，在那些少数人的工作中是很自然的。

这种政府的形成是很难的，最起码还要满足下面一些条件：第一，这得是一个很小的国家，这样人民就可以更好地集合在一起，使公民们都可以彼此互相认识。第二，人民要很淳朴，避免因为不同的繁琐事务而产生不理智的争论。而且，无论是权利还是财富，都必须十分平等[1]，不然这种平衡就无法维持下去。第三，要杜绝奢侈现象的出现，因为对奢侈的追求引发了人们对财富的追求。它让富人的占有欲变得越来越强，也让穷人变得越来越贪婪；它会让国家充满了虚荣，让国家的势力慢慢衰落；它会使国家的一些人成为另一些人的奴隶，从而使国家所有的人都成为舆论的奴隶，进而毁掉了所有的人。

由此我们可以知道德行是如何的重要，这也是有一位著名的作家要把它当作共和国的原则的原因；如果没有德行，就无法维持上述的一切条件。这个作家虽然是个优秀的天才，但他的论述既不够确切，也不是很令人明白，更没有作出必要的区分。既然主权权威到处都是相同的，那依政府的形式而言，一切体制良好的国家就都应该具有同样的原则，这一点他也没有看到。

最后还要补充一点：与其他政府相比，像民主制政府或者说人民

1　《卢梭的社会政治哲学》："政府的最重要的任务之一，就是要防止财富分配的极端不平等。这并不是要从富人手中夺取财富，而是要从人人手中剥夺积累财富的手段，不是要给穷人设立济贫院，而是要保证人民免于贫困。"——译注

的政府更容易发生内战和内乱了。因为，没有任何别的政府需要以这样的警觉和勇气来维持自己的形式，也没有任何别的政府是那样强烈地而又那样不断地倾向于改变自己的形式的。公民正是在这种体制之下就更应该以力量和恒心来武装自己。在自己的一生中，在自己的内心深处，每天都应该背诵一句话，这句话是一位有德的侯爵[1]在波兰议会上所说的：我不愿安宁而受奴役，宁愿自由而有危险。

假如说有一个地方真的可以实行真正的民主制政府，那这里的人民一定是有神来组成的。但是，人类是不适合这样完美的政府的。

1 有德的侯爵：即波兹南侯爵，波兰国王的父亲、洛林公爵。——译注

第05章　论贵族制

政府与主权体是两种完全不同的法人，因此，也就有两种普遍意志：一种是只对行政机构的成员而言的，另一种是对全体公民而言的。所以，政府虽然可以按自己的意志来安排自己内部的政策，但它是决不能号令人民的，除非是以掌权者的名义，即以人民本身的名义。这一点是至关重要的。

在早期的社会里，贵族制是主要的治理方法。公共事务是由各个家族的首领们互相讨论决定，年轻人要服从长者的权威。因此我们给了一些长者和首领们这样的称谓：长老、长者、元老[1]、尊长。这样的治理方式直到今天依然有国家在用，北美洲的野蛮人就是这样管理自己的，而且效果很好。

但这种制度造成了社会的不平等，这种不平等慢慢地打破了自然的不平等，使得富裕或权力[2]也就比年龄更为人所看重，最后，贵族也由选举[3]产生。权力和财产由父及子，这样的话，出现二十岁的年

1　元老：古时称天子的老臣,现指政界年辈资望高的人。长老：基督教新教某些教派中教徒领袖的职称。一般由各教堂信徒推选数人为领袖，共同管理教会的工作。长老一次在《旧约》中指犹太人的民间领袖，在《新约》中则指早期基督教徒中德高望重的领袖。宗教改革时期加尔文据此设立长老制。在基督教新教某些宗教派中，长老相当于其他宗教派的牧师职务，可参加并主持各种圣礼。“长老、长者、元老、尊长”这四个词在这里强调的是年龄和阅历。——译注

2　正因如此，“贵族”一词从其诞生就说明它是指最有势力的，而不是最好的。——译注

3　选举：在这里不是指在会议上投票选举，而是指选择、挑选。——译注

轻元老也就不稀奇了，这也使政府成为世袭的政府。

在我上面的论述中出现了三种贵族制：自然的、选举的与世袭的。纯朴的民族适合自然的贵族制，选举的贵族制是这三种之中最好的形式，而世袭的贵族制则是其中最坏的。

选举的贵族制具有这样两个优点：一是可以区别两种权力[1]，二是可以选择自己的成员。这是因为，全体公民在民主制政府中都是行政官，通过选举，贵族制把行政官只限于少数人。这种方法是正直的，也是明智的，也是受人重视与尊敬的，这也是政治清明的保证。

除此之外，集会也更加方便，事情也能得到更好的讨论，执行起来更加迅速和有秩序；比起不知名的或者受人轻视的群众，德高望重的元老们也更能够维持国家的对外威信。

总之，一些人只要是为了群众的利益来治理群众，而不是为了自身的利益，那他们就是最明智的。最好而又最自然的秩序便是让他们来治理群众，而徒劳无益地增加机构是行不通的，只需一百个人就可以做好的事情不应该用上两万人来做。但是，有一点在这里大家一定要知道，那就是在这种情况下，共同体（这里指政府共同体）的利益就开始很少按照公意的命令来指导公共的力量；与此同时，另一种不可避免的趋势也会使法律失去一部分执行的力量。

从便利的角度来说，一个国家（这里指贵族制国家）不能太小，人民也不能太单纯、太直率，不然的话，就会像在一个好的民主制国家里那样，公共的意志直接就可以决定法律的执行。对于一个民族来说，和国家一样也不能太大，如果太大的话，各自辖区内的首领们，在本地区就会想着独立和瓜分民族的主权，并慢慢地成真正的主人。

但比起人民政府，假如说贵族制不太需要某些德行的话，那它

1　两种权力：立法权力、行政权力。——译注

就需要另外一些德行，如富而有节和贫而知足，这也是它本身所特有的；这是因为，纯粹的平等在这里好像并不适合，就算是在以前的斯巴达也没有出现过。

此外，在一定程度的上，假如这种形式带有财富的不平等的话；通常来说，这只是为了可以把公共事务的行政托付给一些人，他们最能贡献出自己全部时间。这一点和亚里士多德所提出的观点是不一样的，他认为富人就可以事事优先。但是，如果从事情的反面来考虑，就会使人民认识到：与财富相比，人的优点更重要。

第06章　论君主制

在上面的论述里，我们一直把君主作为由法律的力量而结合成的一个道德的与集体的人格，并且是作为国家中行政权力的受托者来考虑的。作为一个自然人，也就是一个真实的人，君主把全部的权利集于一身，有权依法来行使这种权力。这就是人们所说的君主或国王，现在我们就来讨论一下“君主”。

君主制这种行政方式与其他的行政方式恰好相反，君主制是由一个个人来代表一个集体人格的，而不是像其他行政方式那样，都是由一个集体人格来代表一个个人。这让君主制不仅在抽象上变得统一起来，而且在具体上也统一起来。法律在其他的行政方式下，要用最大的努力才能结合起来种种能力，但在君主制的行政方式下，所有的权利很自然地集合在一起。

在这种情况下，人民的意志、君主的意志、国家的公共力量和政府的个别力量以及国家机器的全部力量都操在同一个人手里，它们在同一个动力下，朝着同一个目标前进；这里所有的力量都是一致的，绝不会出现不同的力量。与此相比，任何一种别的体制都不能以更少的努力而产生更大的作用。阿基米德[1]安详地坐在岸边，引动着一艘浮在水上的大船，这对他来说是游刃有余的；阿基米德很像一位熟练的君主，君主坐在自己的内阁里，治理着自己辽阔的国家。他表面上不动声色，但国家的一切都是由他来策划的。

与其他任何别的政府相比，君主制更具有活力，具有更大的势力统治个别意志。但是，一切都朝着同一个方向前进，但前进的目标却绝不是公众希望得到的利益。在这一体制下，行政权力本身也在不断地转化为对国家的一种损害。

每一个国王都希望自己有着绝对的权威。但是，处在下层的人们向他喊出了这样一个原则：只有让人们爱戴你，你才能成为至高无上的国王。从某些方面来看，这条带有美好希望的原则是非常之真实的。但在宫廷里，这条原则却受尽了人们的嘲弄。君主因为受到人民的爱戴，得到了最大的权力，这是确定无疑的；但是，君主们永远也不会满足于此，因为这种权利是不稳定的，也是有条件的。就算是最好的国王，也想过在不妨碍自己依然可以做国王的前提下，可以想做什么就做什么。国王经常可以听到有人这样说：国王的力量是人民给予的，所以国王要做的就是考虑怎样使人民获得最大的利益，怎样能够让人民繁荣、富裕。然而，国王知道他们说的这些并不是实话。在私底下，国王永远希望自己的人民是软弱的、贫困的，只有这样，人民才无法与国王抗衡。假如君民一条心，国王为人民的利益着想，人民也服从国王的领导。那这时候君主的利益是最大的，人民也具有强大的力量，周围的邻国也不敢对国家有什么企图。但是，在国王眼

1 阿基米德：前287—前212，古希腊哲学家、数学家、物理学家。出生于西西里岛的叙拉古。阿基米德到过亚历山大里亚，据说他住在亚历山大里亚时期发明了阿基米德式螺旋抽水机。后来阿基米德成为兼数学家与力学家的伟大学者，并且享有“力学之父”的美称。阿基米德流传于世的数学著作有10余种，多为希腊文手稿。——译注

里，这种利益是次要的，这和他希望人民是贫弱的互相矛盾，所以很明显，君主们更喜欢对自己更加有利的原则。这一点，以前的马基雅维利[1]已经向我们作了说明，不仅如此，撒母耳[2]向希伯来人也强调了这一原则。马基雅维利写了《君王论》一书，后来成为共和党人的教科书。他在书中假意说国王该怎么做，但实际上，他是告诫人民要服从国王的权威。

根据我前面提到的一般比率（见本书第3卷，第3章），我们可以发现君主制是仅仅适合于大国的；另外，就君主制本身来来说，也可以证明这个结论是正确的。在公共行政机构人数增多的情况下，君主对臣民的比率也就随之缩小，并慢慢接近于相等，在民主制之下，这个比率就接近等于一或者说就是完全相等。但是，在相反的情况下，即当政府行政机构人员缩减的情况下，这一比率也就随之增大（见本书第3卷，第1章）。当政府被一个单独的个人掌握时，这一比率达到了它的最大值。这时候我们就可以发现，君主和人民之间的距离太大了，中间缺乏应有的纽带把国家联系在一起。于是，为加强君主和人民的联系，许多中间的级别应运而生，像王公、大臣和贵族都属于这

1　**马基雅维利**：1469—1527，意大利政治思想家和历史学家。马基雅维利是中世纪晚期意大利新兴资产阶级的代表，主张结束意大利在政治上的分裂状态，建立强大的中央集权国家。1513年12月，他的惊世之作《君主论》问世。书中强调君主必须同人民保持较好的关系；必须重视军事；必须通权达变，灵活机动，为达到目的可以不择手段；并要真正了解国情，注意避开谄媚者。他认为共和政体是最好的国家形式，但又认为共和制度无力消除意大利四分五裂的局面，只有建立拥有无限权力的君主政体才能使臣民服从，抵御强敌入侵。他强调为达目的不择手段的权术政治、残暴、狡诈、伪善、谎言和背信弃义等，只要有助于君主统治就都是正当的。这一思想被后人称为“马基雅维利主义”。这些原则后来成为一些人的治国原则，拿破仑、希特勒、墨索里尼都曾把《君主论》作为案头书。除此之外，他还著有《论战争艺术》、《佛罗伦萨史》、《李维论》等。——译注

2　**撒母耳**是以色列民立国后的第一个先知。他不但是一个先知，也是祭司；更是一位伟大的军事家、政治家、宗教家。是圣经中极少的没有记载任何罪行的人之一，我们查考他的一生，必能发现许多值得模仿的美德。——译注

些中间的级别[1]。不过，小国是不适合用这一切的，不然的话，可能有亡国的危险。

治理好一个大国是很困难的一件事，更不要说单靠一个人（君主）的力量来治理好了；众所周知，假如国王指定代理人[2]的话，会产生什么样的结果。

君主制有一种最根本的缺点，这也是它不能避免的，这一缺点使君主制政府就是比不上共和制政府。这个缺点是这样的：在实行共和制的国家里，公众只会把精明能干的人提到显要的位置上，而得到提升的人会感到很光荣，他们会努力地履行自己应尽的职务。但是，在实行君主制的国家里，很多卑鄙的人都很走运，他们靠着一点小聪明爬上了朝廷的高位，当他们一旦得到了梦寐以求的权利，卑鄙的本性就暴露了出来，说到底他们也只是诽谤者、骗子和阴谋家。在用人这方面，相对于人民来说，君主更容易错误，人民反而更清醒一些。假如一个真正有才能的人担任了君主制国家的首辅位置，那几乎是不可能的事，就像一个傻子担任了共和政府的首脑一样。所以，在一个君主制的国家里，在一个几乎被一群矫揉造作的执政者们弄得一团糟的国家里，如果一个善于治理国家的人居然执掌了国政的话，那他一定能发挥出巨大的潜力，他的才能令人们惊奇，他甚至会为这个国家开辟一个新的时代。

---

1 孟德斯鸠《论法的精神》第1卷，第2章，第4节：中庸、从属和依赖性的权力特征构成君主政治的性质。换言之，君主政体的性质，在于由一个君王依照基本法律治理国家。我所以说“中庸”、“从属”和“依赖”性的权力，那是因为在君主政体中，君王是一切政治与民事权力的渊源。这些基本法律必须通过“中间途径”才能使权力得以实施，因为如果在某一个国家，单凭某个人一时的冲动以及多变的意志治理国家的话，这个国家中的一切都会毫无确定性，而且其结果也毫无基本法律可言。最为自然的中庸及从属的权力，便是贵族阶级的权力。从某种意义上说，贵族是君主政体的要素，其基本准则是：没有君主便没有贵族；没有贵族亦没有君主。然而在没有贵族的君主国中，君主将会成为专制君主。——译注

2 国王指定代理人：十七、十八世纪，法国各省的监督官是王权最直接、最有实权的代理人。开始的时候，监督官制度只是临时性的，到了路易十四时期开始成为常用的机构。监督官权力极大，他们以国王的名义，处理所在省的一切政务，并有最后的决定权，这也使各省的行政官失去了作用。——译注

在君主制国家里，君主的能力决定了君主自己能治理的国家的面积大小。征服一个国家很容易，但要治理好一个国家却要难得多。如果有一根足够长的杠杆，人们可以不费吹灰之力撼动整个地球；但是，要想支撑起整个世界来就必须有赫拉克勒斯[1]的肩膀才行。但是，当相对于一个国家来说，君主是渺小的，他在能力上是不足的；另一方面，国家对于它的首领来说，如果是太小的话，那国家还是治理不好。这是因为君主忘记了人民的利益，总是追求自己的伟大抱负；而且有的君主滥用自己的权利，使人民的负担加重，这种滥用权利的君主就算很有才干，也比一个平庸的君主对人民的伤害大。因此，不管在什么时候，君主制国家都必须根据君主的能力来决定是扩张还是防御；反过来看，如果国家的元老院有固定的尺度，那国家就可以保持疆界的不变，从而使已经坏了的国家行政不至于继续坏下去。

专制政府有一个最显著的缺点，那就是缺乏一种持续不断的继承性，但是，与其他两种制度相比，却有一种永不间断的联系。但一个国王驾崩时，新国王就得准备继承，选举期间是很危险的，而且一触即发。阴谋与舞弊在选举期间一定会出现，这两个名词几乎是与选举一起产生的。公民们如果能够大公无私、团结一致的话，也许可以阻止这种情况的出现，但这几乎是不可能的。这样的话，一些通过选举把国家掌握在自己手里的人，他们一定会回过头来从弱者的身上捞回自己以前被强者所敲去的那笔钱，甚至会因此出卖国家。在这样的一种政治制度下，政治就是权钱之间的交易，人们在国王在位时所享受

1　**赫拉克勒斯：是希腊神话中大力神最伟大的英雄，又名海格力斯，相当于罗马神话中的赫丘**利。宙斯与阿尔克墨涅之子。他神勇无比，完成了十二项英雄伟绩，被升为武仙座。此外他还参加了阿尔果斯远征帮助伊阿宋觅取金羊毛，解救了普罗米修斯等。有关他英勇无畏，敢于斗争的神话故事，历来都是文艺家们乐于表现的主题。在现代语中赫拉克勒斯一词已经成为了大力士的同义词。——译注

到的和平，比起空位时期的混乱来，情况更加的恶劣。

当然，为了防止这些弊病，人们还是采取了一些措施的：为了使王位固定，预防国王逝世时的一切纠纷，人们提议由某些家族来世袭，并规定了继承的顺序。换句话说，人们为了避免选举的弊端产生，创造出另一种弊端来代替，那就是摄政。摄政似乎要好一些，但它只不过是一种表面上的平静，也就是说，人们就算冒着由婴儿、怪人或傻瓜来当首领的危险，也不愿意为了良好的行政而选择一个好国王。在这种冒险的选择里，他们竟然没有意识到，对他们有利的机会也不属于自己了。小丹尼斯[1]干了一件可耻的事，他的的父亲责备他说："我没做过这样的事，难道你是跟我学的吗？"儿子回答说："不是。我不是跟你学的，但你的父亲不是国王，我的父亲是国王。"从某些方面来说，小丹尼斯的这句话还是很有道理的。

当一个人的权利不断增大，直到可以号令众人的时候，他就开始慢慢丧失掉一切的正义感和理性。据说，人们曾费尽心机地要把统治人民的方法教给年轻的君主们；但是，这些年轻的君主们在这些教育下并没有取得什么进步。历史上那些最伟大的国王们也受过教育，但那种教育绝不是为了如何统治人民。所以，对于年轻的国王们来说，首先应该学习服从，而不是学习如何统治人民，这些统治人民的方法学得越多，反而越不知道该如何统治人民，相对来说，服从更容易掌握。"有一个迅速而有效的办法，可以使国王检验自己，那就是假如自己不是国王，自己希望得到什么，不希望得到什么。"[2]

这种缺乏连贯性的缺陷导致皇室政府的变化无常，而政府为国家

1　小丹尼斯(前368—前343年在位)，老丹尼斯(前405—前368年在位)，父子两人都是古代叙拉古出名的暴君。这段引文出自普鲁塔克书。——译注

2　这句话是罗马皇帝戈尔巴(68—69年在位)的演说词，出自塔西佗(5—120，罗马历史家)《历史》。——译注

制定的计划也因为政府频繁的变更而不能长期执行，执政的政府规定了一种计划，而当他们下台后，新上台的政府废除了原先的计划，又规定了另一种新计划，这完全取决于统治者的君主或统治代理人的性格。这种变化使国家从一种政策转到另一种政策，从一种准则转到另一种准则，也使国家变得动荡不安；但在其他的政府形式下，这种变化也就不会发生，因为君主永远是同一的。所以，我们就可以得出这样的结论：通常情况下，在君主制国家里，如果说一个国家的皇室比较乱，那么智慧就藏在元老院中。与此相反，在共和国家里，绝不会是内阁的一次革命便引起国家的一次革命，而是以稳定的并且遵循得更好的观点朝着自己的目标前进；在一切事情上，所有的大臣和几乎古往今来的所有国王都用了同一原则：采取与他们前任相反的措施。

这种不连贯性还可以看清王权派的政论家们所说一种诡辩，他们认为：君主就像家长一样，而国家政治就和家政一样，对于这样荒谬的观点，我们在前面已经驳斥过了（见本书第1卷，第2章）。不仅如此，他们还随意地给予自己的行政官种种必须具备的德行，还让认定君主就是这个君主本来的样子。这种假定使皇室政府看起来是最适合这个国家的政府，因为它是最强有力的政府，这没有什么好争辩的；如果它的团体意志能更符合公意的的话，它或许是最好的政府。

柏拉图认为[1]，国王是划时代的人物，是极其罕见的；那如果一个人要想当上国王，得需要什么样的条件啊！先天的素质加上后天的机遇可以吗？那就更是百年不遇。假如皇室的教育是为了培养出治国的人，但这种教育不仅一点作用都没有，还会腐蚀接受这种教育的人，也就是未来的皇位继承人。那有朝一日，当受过这种教育的人登上皇位的时候，我们也别抱有什么指望了！因此，只有自欺欺人的

1　柏拉图：《政治篇》。——译注

人，才会把皇室政府与一个好国王的政府混为一谈。只要想到昏庸无道的君主治下的这种政府（专制政府），就能看清楚这类政府的本质是什么；因为这些君主们有的是坐上王位之后才开始昏庸无道的，有的则是在登基之前就已经昏庸无道了。

我们的作家们[1]也看出了上述问题的症结所在，但是，他们一点也不担心。他们说，只要人民毫无怨言地服从就可以补救这一难题。还有一些传闻更加的荒唐，说坏国王是上帝震怒时派遣下来的，所以当坏君王惩罚人民时就等于是上帝在惩罚人民，所以就必须忍受。[2]这种言论似乎很有道理，但在我的这本政治著作里，我是不会让它出现的，它只适合放在神坛上。假如一个医生说自己可以包治百病，但他什么本事也没有，而只会劝病人忍耐，就和那些作家们劝民众一样。对于这样的医生，我们还能说什么？对于这样的政府，我们又该怎么说？我们真的必须忍受它？忍受不是办法，关键的问题是如何才能找到一个好政府！

---

1 我们的作家们：指格劳修斯、霍布斯、费尔玛与鲍修埃，他们是拥护君权专制的理论家。——译注

2 这是鲍修埃(1639—1704)的观点，语出鲍修埃《摘自圣书的政治论》第6卷，第1、2条。——译注

第07章　关于联合政府

从严格意义上说，单一的政府是不存在的。一个人民政府也必须有一个首领，一个独一无二的首领也必须有下级的行政官。所以，数目较多到数目较少的级差特征在行政权力的划分上体现出来；数目较多与数目较少的区别就是，有时候是少数依附于多数[1]，有时候是多数依附于少数。

这一划分有时也是相等的，也就是说，它的各个组成部分是互相制约的，如英国政府。还有一种情况：政府各个部分的权威都是独立的，但又是不完备的，如波兰政府。后一种形式使国家缺乏联系，使政府在根本上不能统一，所以是一种坏形式。

那么，到底是哪一种政府更好呢？是单一的政府还是联合的政府？关于这个问题，政论家们曾有过激烈的争论。我在前文论各种不同的政府形式时，已经对这个问题做出了回答。现在，我的答案依然没有变。

就是因为单一政府是单一的，它在本身上也就是最好的。但是，当君主对掌权者的比率大于人民对君主的比率时，也就是行政权力并不是充分依附于立法权力的时候；就必须对政府进行划分，来弥补这

1　少数依附多数：指民主制政府。多数依附少数：指君主制与贵族制的政府。可参见本书第3卷，第3章。——译注

个比率上的失调。这样的话，对臣民的权威来说，政府的各个部分并没有减少，而它们被划分之后，它们就算把全体的力量都加在一起也无法与主权体抗衡。

设立各种中间的行政也可以防止这种弊端，这些中间的行政官仅仅能起平衡上述两种权力的作用，并不妨害政府的完整，还能维护它们相应的权利。这时候的政府是有节制的，而并不是联合的（见本书第4卷，第5章）。

反过来，我们也可以用一些同样的方法来弥补与此相对的弊端。当政府过于松弛的时候（指政府掌握在大多数人手中的时候），就可以设立一些委员会，使松散的政府集中起来，一切民主制国家都是这么做的。在这一种情形下，我们是为了加强政府。而我们在前面还提到在单一政府下的情形，是为了划分和削弱政府。之所以这么做，是因为政府的联合形式可以产生适中的力量，而在单一的政府之下，容易出现权力的过于集中或过于分散的情况。

方式而生活的阿美尼亚人，他们的面容粗糙而多面刺，他们的身体看起来即笨拙又臃肿。”

越接近赤道的人民，生活所需的物品就越少。大米、玉米、高粱、小米和卡萨麸[1]就是他们常吃的食物，他们几乎不吃什么肉类。在印度群岛，几百万人一天吃的食品还不值一苏钱[2]。即使我们在欧洲也能发现这一点，北方民族与南方民族的食欲有着显著的差异，一个德国人的一顿晚餐够一个西班牙人吃上一星期。在一些国家里，人民很贪吃，并把这个坏习惯培养成了奢侈。在英国，筵席上的大鱼大肉，就是对食品奢侈的表现；而意大利人就比较注意这一点，他们设宴只用糖果和鲜花。

不仅在食物上，在衣着上的奢侈也可以表明类似的差异。在季节变化急速而剧烈的气候之下，人们的穿着是为了应对气候的变化，这时候的穿着很好也很简单；但是，在人们的穿着不是为了应对气候的变化，而只是为了装饰的时候，人们就不会对衣服的实用性作出要求，而只追求衣服的华丽，这个时候，衣服就成了一种奢侈品。在那不勒斯的波希利普山[3]，经常可以看到许多人在闲逛，他们穿着光彩夺目的外衣，不过却没有内衣。在住房方面，情形也是一样：他们只追求房子的富丽堂皇，因为他们完全不用担心气候会伤害到自己。但是，在伦敦、巴黎的人们，就要求自己住得温暖而舒适。而马德里的房子，不仅没有可以关得上的窗子，而且他们就在老鼠洞般的屋子里睡觉；不过，他们的客厅倒是很讲究。

在炎热的国家，食物的营养更丰富，这是第三种差异，它又直

1　卡萨麸：生长在南美洲及非洲热带地区，是一种淀粉作物。——译注

2　苏：法国古辅币，一镑等于二十苏。——译注

3　波希利普：意大利那不勒斯附近的小山，是著名的风景区。——译注

接影响到第二种差异。为什么意大利人要吃那么多蔬菜呢？因为意大利的蔬菜不仅味道可口，而且营养价值高。法国蔬菜毫无营养，它们都是用水浇灌的，所以法国的筵席上很少会出现蔬菜。可是，这两国的蔬菜都一样占有土地，一样要花气力去栽培。这里有一条公认的结论：法国的小麦强于巴巴里亚[1]的小麦，可是，法国小麦出的面粉却没有巴巴里亚的小麦多；在出面粉方面，与北方的小麦相比，法国的小麦又胜出一筹。由此可得出这样的结论：同等数量的产品之中，所得到的粮食却少，从赤道到北极的这个方向上，这一级差现象都是存在的，这是一个显而易见的不利条件。

从这所有的不同之处，我们又引申出一个想法，在这里给大家补充一下，也可以对上述的种种差异做个补充。这就是：与寒冷的国度相比，炎热的国度所需要的居民更少，却能养活更多的居民。这是一种双重的剩余，它永远有利于专制制度。在居民数固定的情况下，占地面越广阔的反叛也就越难成功；因为政府总会很容易揭露反叛的图谋，并切断一切交通，最主要的原因就是地方大，他们无法迅速而又秘密地配合。但是，政府在人多聚集的地方是无法篡夺主权体的；首领们[2]就和君主在他的内阁会议中一样，在他们的密室中安全地商议对策；而群众也会像军队集合在营房里一样，迅速地集合在广场上。因此，在远距离上依然能够行动是一个暴君政府的便利之处，它借助自己建立的各个支点，把这些力量结合起来，随着这些支点相互连接成一处，它们的力量也在这一过程中不断地增大[3]。与此相反的是，

1 巴巴里亚：北非地中海沿岸地区。——译注

2 首领们：这里是指发动反叛的首领们。——译注

3 在前面第2卷，第9章中，我论述大国的不便时所说过的话与此并不矛盾。这里所谈的是政府反对臣民的力量，而前面所谈的是它对于其成员的权威。它那些散布开来的成员成为它用以从远距离上对付人民的支点，但是，直接对付这些成员，它却没有任何可以用来支撑本身的支点。所以，杠杆在一种情况下过长便形成政府的软弱，而在另一种情况下又形成政府的力量。——原注

如果人民的力量分散开来，就会灭亡，不团结的人民力量虽然也能燃烧得起来，但不起丝毫作用；人民的力量，只有集中起来才能行动。所以，暴君制最适合人口少的国家，在荒野中，凶猛的野兽才能称王。

第09章　好政府的标志

那么大家心中一定有一个疑惑，那就是什么才是最好的政府呢？这个问题的答案无法确定。或者可以这样认为，各民族的绝对的与相对的情况有多少种可能的结合，也就有多少正确的答案。

那么有人就要问了，一个民族治理得是好还是坏，用什么标准来评定呢？这个问题还是不难解决的，下面要讲的就是这个问题。

但是，这个问题人们从来没有从根本上解决过，因为每个人都想以自己的方式来回答它。公民们希望能给个人的自由更大的空间，而臣民们则希望天下太平；一方希望人身有保障，而另一方则希望财产有保障；一方要求最好的政府应该是温和的，而另一方则主张政府应该是最严厉的；前者要求预防犯罪，而后者则要求惩罚犯罪；一方希望自己最好被邻居忽视，是而另一方则更愿意让邻居害怕自己；一方要求人民有面包，而另一方最在意的是金钱。在这些问题上，就算人们可以意见一致，是不是意味着这个问题就能得到进一步的解决呢？抽象的数量是不准确的，即使人们在上述问题上可以意见一致，那如何在评估上达成一致呢？

对于一种如此简单的标志，人们竟然不认识，或者说人们这样没有信心而不肯承认这一点，这令我很是惊异。政治结合的目的就是为了使自己的成员生存和繁荣，那么，这种生存和繁荣的最可信的标志是什么呢？那就是他们的数量和人口。那么最好的政府我们就可以这样认定：假如有这样一个政府，它是一个不靠外来移民、不靠同化外族、不靠殖民地的政府，在它的管理下，公民人数繁殖和增长得很快，那这就是一个好政府。这就是好政府的标志，大家也不用再费力地找其他的什么标志了，这些标志都是可以看得见的。那么相应地，一个不好的政府的标志就是：在它的统治下，人口日渐减少。现在就请统计学家们统计一下各国的人口，看看哪些政府是合格的，哪些政府是不合格的，就请你来衡量和比较吧。

第10章　论政府的暴虐及衰败

由于个别意志总是不断地与公意发生冲突，所以政府就总是与主权作对。这种对立的力量越大，则体制就改变得越多；而且在主权体与君主之间（见本书第3卷，第7章），根本没有别的团体意志可以抵抗君主的意志，更不要说与君主的意志相抗衡了。所以君主压倒主权体并毁坏社会条约是早晚的事。这是一种不可避免的弊病，是内在的。从政治体诞生的时候起，它就在不断地破坏政治体；就和人的身体一样，衰老与疾病一直都在破坏着人体，直到人死亡。

有两种情况可以导致政府发生蜕化：政府的收缩与国家的解体。

当由民主制过渡到贵族制（政府由多数过渡到少数）以及由贵族制过渡到王政的时候，政府就开始收缩，这一过程是自然的。假如反过来，即政府是由少数过渡到多数，人数不断增加，那我们可以说，政府已经松散了。不过，这一逆转的进程是不可能发生的。

实际上，一个政府如果不是因为自己的力量已经消耗殆尽，因而再也无法继续保持原状的时候，是绝不会改变形式的。但如果政府在扩张的时候松散了，那它的力量就会消失（见本书第3卷，第2

章），并且它自身也就无法再维持下去。所以，在政府力量不断耗损的过程中，要不断地对它的力量进行补充和加强；不然的话，当这个力量即将消失的时候，也就是它所支撑的国家灭亡的时候。

国家解体可以下面两种方式出现。

第一种，君主不再按照法律管理国家，而是篡夺了主权权力。这时国家发生了重大的变化，它在收缩了，而不是政府在收缩。这句话的意思就是：国家解体了，国家的主权被政府篡夺了，出现了一个只有政府成员构成的“国家”。对于其余的人民来说，这个“国家”就是他们在这种情况下不可选择的主人，是统治他们的暴君。社会公约在政府篡夺了主权的那个时候起就被破坏了，在这个时候，每个普通公民又恢复了他们天然的自由，他们的服从不是有义务的（见本书第1卷，第3章），而是被迫的。

政府的成员们篡夺的那种权力，只能由集体行使。权利被篡夺之后会出现这样的情况：这一篡夺过程就是一种违法，它比一般的违法造成的混乱更大。这时候，“国家”处于混乱之中，有多少个行政官就有多少个不同的政令。国家和政府一样，都处在分裂的边缘，它只剩下两条路：灭亡或者改变形式。

我们把政府在国家解体时滥用职权这一时期通称为无政府状态。稍加区分就会发现，贵族制已经蜕化为寡头制[1]，而民主制已经蜕化为无主制。还有君主制，它则蜕化为暴君制，但是“暴君”一词有必要解释一下。

一般来说，暴君就是一个不顾正义、不顾法律，只知道用暴力

1 **寡头制：指极少数人执掌的政权。在古希腊，指奴隶主贵族中的极少数人独揽政权的政体，典**型如斯巴达，由2个国王、28个长老和5个检察官掌握实权。罗马共和国也是由元老院、执政官等少数权贵操纵的政权，称为贵族寡头政治。——译注

来统治的国王[1]。但严格来说，暴君就是一个无权当国王的人却窃取了王权的人。在希腊语中，暴君一词的原意就是这个意思，不管这个君主是好是坏，只要他是不合法的，希腊人便称之为暴君。在他们看来，暴君和谋权篡位的人是一个意思。

不一样的事物当然不能叫一样的名字，否则就无法区分它们。所以我把篡夺王权的人称为暴君，而把篡夺主权权力的人称为专制者。专制者和暴君有不同之处，也有相同的地方。专制者是一个把自己置于法律本身之上的人，而暴君先是通过违背法律来干预政权，坐上王位后，开始依法实行自己的统治。所以，暴君不是专制者，但专制者永远都是暴君。

1 卢梭在《论政治经济学》中说："历史告诉我们，在无数事例中，一个受人爱戴的人对他所爱护的人们的权威，要比所有篡夺者的暴政强千百倍。这并不是说，政府应该不敢使用它的权力，而是说必须按照合法的方式加以使用。我们在史实中可以发现成千累万生性怯懦或野心勃勃的统治者，他们都是因为疲塌或者傲慢而一败涂地的，从无一人因严格公正而受到损害。但我们不应把疏忽和缓和混淆起来，也不应把宽厚和软弱混为一谈。一个人要公正首先必须严肃，要放任恶习(当他有权加以控制时)，自己一定有恶习。——译注

第11章　体制最好的政府也会灭亡

就算是体制最好的政府也会灭亡，这是很自然的，也是不可避免的。像斯巴达和罗马这样的国家都会灭亡，还有什么国家不会灭亡呢？所以，虽然我们有建立一种永远不过时的制度的想法，但这种制度根本就不会存在。要想胜利，就不要去做这些不可能实现的事，也不要自吹人类创造的东西是坚固的，因为人类创造的东西毫无坚固性可言。

人在诞生的那一刻起，就开始迎接死亡的到来，在这一点上，政治体和人是一样的，它自身就包含着使自己灭亡的原因。但是，在或长或短的时间内，这两者却都有一种强健的而又适于使本身得以自保的组织。人的躯体是大自然给予的，而国家的组织则是人为制造的。人是不可能延长自己的生命的，但可以为国家制造一个最好的组织，以延长它的生命，这件事我们人类是可以做到的。如果一个国家有好的体制，那么只要不出意外或偶然事件，那么国家生存的时间一定比别的国家要长。

主权的权威就是政治生命的原则。国家的心脏是立法权，国家的大脑是行政权，通过大脑的指使，各个部分才能运转起来。有时候人还活着，但大脑却麻痹了，这个时候的人仍可以麻木不仁地活着。但是，假如一个人的心脏停止了跳动，那他就会立即死掉。

所以立法权对国家来说是至关重要的，国家的生存是依靠立法权，而绝不是依靠法律。过去的法律对现在不具有约束力，但由于沉默被认为是默认，所以掌权者被民众认为不断地认可它可以废除、却没有废除的法律。只要掌权者不宣布，那么这些过时的法律就依然有效，除非它撤销这项法律。

人们相信是古代意志的优越性才能把那些古老的法律长时间地保存下来，人们对古老的法律如此尊敬就是这个原因。掌权者早就想废除这些古老的法律了，但他因为始终在不断地承认这些法律有益而不能这么做。所以，在一切体制良好的国家里，法律不断地获得新的力量而没有被削弱，就是因为这个原因。这些法律自古如此，它也越来越受人们的尊敬。如果随着时间的不断推移，法律的效力越来越弱，那就证明这个国家不再有立法权了，而国家也会慢慢灭亡。

第12章　权威的维持方式

除了立法权力之外，掌权者就没有任何别的力量了，所以他只能依靠法律来发挥作用；但法律只不过是公意的正式约定（见本书第3卷，第2章），所以，掌权者只有在人民集合起来的时候才能发挥作用（本书第3卷，第11章）。也许有人会说：怎么可能把人民集合在一起呢？这简直就是天方夜谭！这在今天确实是一种妄想，但在两千年以前却是可以实现的。难道是人性改变了吗？

精神事物可能的界限并不像我们想象的那么狭窄，正是我们的弱点、我们的偏见、我们的罪过使它们束缚住了。灵魂卑劣的人，怎么也不会信任伟大的人物；卑贱的奴隶们听到“自由”这个词的时候，会带着讥讽的神情。

让我们从已经发生过的事情入手，来考察可能会发生的事情。我在这里说一下罗马共和国，而不再谈古希腊共和国，在我看来，罗马城是一个伟大的城市，而罗马也是一个伟大的国家。罗马帝国的最后一次的人口统计显示，全帝国的公民有四百万人以上，还不算属民、外邦人、妇女、儿童和奴隶在内，其中有武装的公民四十万人。

可想而知，如果把这个首都及其周围数量庞大的人民聚集在一起开会，该有多么的困难！但是，罗马人民经常集会，而且甚至会在一星期内集会许多次。罗马人民在行使主权权力的同时，还行使部分政府权利：他们审判某些案件，处理某些事务。而且在公共会场上，全体罗马人民都有双重身份，既是行政官又是公民。

如果我们从各民族早期的历史考虑，就会发现大部分的古代政府（包括马其顿人[1]和法兰克[2]人那样的君主制政府）都曾有过类似的会议。不管怎么说，这个事实是无法辩驳的，这本身就回答了这个难题。我认为，从现存的事物来推论可能存在的结果是个好方法。

---

1 **马其顿**：**马其顿共和国是位于欧洲东南部巴尔干半岛的一个地区。古代马其顿帝国在此兴起，**其后先后隶属于罗马帝国和奥斯曼帝国。马其顿地区包括从前南斯拉夫独立出来的马其顿共和国、希腊北部的马其顿地区，以及保加利亚的西南角。马其顿共和国自立国以来，一般简称为“马其顿”，但马其顿共和国和马其顿地区是两个不同的概念，希腊方面认为“马其顿”是希腊历史的一个概念，反对马其顿共和国使用“马其顿”的名称。2009年8月，两国的谈判似乎出现了转机，据称，希腊方面已经接受了“北马其顿共和国”的说法。——译注

2 **法兰克**：**法兰克帝国是从5世纪到9世纪间在西欧和中欧的一个王国，其疆域与罗马帝国在西欧**的疆域基本相同。法兰克帝国是一个多民族国家，其人民主要由民族大迁徙过程中从日耳曼尼亚迁入的民族组成。罗马帝国灭亡后，法兰克帝国在其存在的三个世纪中成为中欧最重要的国家，它当时是中欧的大国。在它瓦解后它的组成部分逐渐演变成今天的法国、德国和其它一些小国家。统治法兰克帝国的帝王出自墨洛温王朝和卡洛林王朝，查理大帝统治时期它达到了顶峰。——译注

第13章　权威的维持方式（续一）

把人民聚集在一起，批准一些法律，使国家的体制确定下来，但只做这些是不够的。这样建立起来的政府是不变的，就连行政官遴选的方法也是固定的，这显然跟不上国家前进的脚步。他们必须有固定的、按期的、绝对不能取消或延期的集会，而不仅仅因为出现意外情况才集会，不能因为任何事情而取消或推迟。到了规定的日子，人民就可以不需要任何其他形式的召集手续，而合法地召开会议。

但除了这种行政官依法召集的人民集会，和如期按规定举行的法定集会外，其余所有的人民集会都应该被认定是非法的。在这种非法的集会上，人民也会做出一些决议，我们应该认定这些决议是非法的，因为这种会议的本身就是非法的[1]。

合法集会次数应该举行多少次呢？如何对它进行规定呢？在这一点上，我们无法作出确切的规定，这取决于多方面的因素。不

1　孟德斯鸠《论法的精神》第11卷章，第6节“如果立法机构在相当长的时间里不召开会议，自由也就不再存在了。因为这时候，就会有下列两种情况中的一种出现，一是不再有立法机构的决议，使国家陷于无政府状态；二是由行政机构作出决议，行政权就会变成专制统治。立法机构总是开会也无必要。这不仅给代表们造成不便，而且会过多地占用行政官员的时间和精力，这些行政官员则不思政务，只考虑如何保住自己的特权以及施政的权利。立法机构不应自行召集会议，因为一个团体只有在召开了会议之后才被认为有了统一的意志，而召开的如果不是全体会议，就很难说清楚哪一部分是真正的立法机构，是参加了会议的部分，还是未参加会议的部分。要是立法机构有权自行休会的话，那么，它就会永不休会；在它想侵犯行政权的时候，出现这种情况是非常有害的。另外，立法机关开会的时间的选择有适宜和不适宜之分，所以，行政机构应根据它所掌握的情况规定会议的召集时间和期限。”——译注

过，力量强大的政府集会的次数应该多一些，因为掌权者应该经常地表现自己。

也许有人会问，这个方法对于仅有一个城市的国家来说是可行的，但如果一个国家包括有许多城市该用什么办法呢？我们是应当把主权权威集中于一个城市，使所有其他的城市都隶属于这个城市，还是应该让它分开来呢？

我认为上述两种方法都不可行。首先，一个城市和一个国家一样，是不可能合法地隶属于另外一个城市或国家的；因为，政治体的本质就在于服从与自由是一致的，而臣民与掌权者这两个名词是对等的两个概念（见本书第2卷，第1、2章），它们的内涵就体现在公民这个词上（见本书第1卷，第6章）。其次，主权权威是不可切分的，它具有唯一性，切分就意味着毁灭。

我认为把许多城市结合成为一个唯一的城邦是一个错误，进行这种结合会带来种种自然的不方便，但人们总是自吹可以避免这一点。绝不能以大国的滥用权力为借口，来批判主张只要小国的人。但是，要使小国有足够的力量来抵御大国，有什么方法呢？那就得像最近的荷兰和瑞士曾经抵抗过奥地利王朝那样[1]，像往昔希腊的城市抵抗过大王[2]那样。

但是，如果不能把国家限定在适当的限度内，那还有另一个办法：那就是不定首都，把政府轮流设在各个城市，并在每个城市里召开全国会议。

使人口均衡地住在家的各个地方，使到处都享有富足与生命，使

1 奥地利王朝：即哈普斯堡王朝。哈普斯堡王朝是奥地利大公兼神圣罗马帝国皇帝。荷兰原为哈普斯堡王朝领地，瑞士原为神圣罗马帝国的一部分。波希战争时，他们参加了希腊各城邦反抗哈普斯堡王朝统治的联盟。在这里，引用这句话的意思是结成联邦或联盟就“能使小国有足够的力量来抵御大国”。——译注

2 大王：指的是波斯王大流士第一(前521—前485）与薛西斯(前485—前465年在位）。——译注

同样的权利遍布各个地方；这样才能使国家变得强大，而同时又是最有可能治理得最好的国家。我只要稍微想一下就知道：城市的高楼大厦都是由乡村的房屋化为瓦砾为代价而建成的。所以，当我在京城看到一座宫殿时，就会想到许多乡村已经成为一片废墟。

第14章　权威的维持方式（续二）

当人民作为掌权者合法集会时，政府的一切法律行为就要停下来，行政权也就暂时中断。作为一个公民，平时时候的身份是微不足道的，但在这时却和最高级行政官的身份一样，都是神圣不可侵犯的，因为在被代表的人已经出现的地方，就不能再有什么代表了。罗马人民举行大会的时候，多半是因为不知道或者忽略了这条规则，才导致出现了骚乱。元老院这时毫无地位可言，执政官只不过是人民的主席，保民官只不过是单纯的议长。

君主在暂停行使权力的期间，要承认或者被迫承认有一个实际的上级，这对于君主来说，是极为不利的。这种人民的集会对政府是一种约束，也是对政治共同体的一种保护；所以，不管是什么朝代，首领们对它都会感到恐慌。他们会想尽一切办法：用各种心机、反对、刁难与诺言，来破坏公民的集会。如果公民畏缩、懦弱、贪婪、爱安稳胜过爱自由的话，他们就无法长期抗拒政府的这种破坏性。最终，主权权威在不断增长的反抗力量中（即政府反抗掌权者的力量）消逝，于是大部分城邦也就会过早地倾覆与灭亡。

但有时候，主权权威和专断的政府之间会出现一种中间的力量[1]。我们下面就会谈到这一点。

1　中间的力量：即议员或代表在掌权者和政府之间形成一种力量，这在下一章中将会讨论。——译注

第15章 议员及人民代表

当公民不再把公共服务当成是主要的事情，当公民宁愿掏钱而不愿使本人参与到公共服务的时候，国家就离灭亡不远了。当需要参加议会时，他们可以推举议员，而自己待在家里。当需要出征作战时，他们可以出钱雇兵，自己依然可以待在家里。在懒惰和金钱的作用下，他们最后将国家交给军士来奴役，交给代表来出卖。

在社会不断发展的大环境下，唯利是图的人们开始贪图享受，使得个人的服务转化为金钱。人们为了更安稳地增加自己的收益，会将自己已有的收益拿出。快拿钱吧，你们马上就会获得枷锁。在城邦里，没人知道什么是钱，但现在这个词全身都带着奴性，无论什么东西都以钱来衡量。在一个真正自由的国家里，公民所需的一切都是由自己亲手来做，所以没有什么需要用钱的地方。他们花钱来亲身履行自己的义务，而不是花钱来免除自己的义务。我和一般人的看法不同，我相信徭役要比租税更不违背自由。

在体制良好的国家里，在公民的精神里，公共事务就高于私人的事情。因为整个的公共幸福构成了很大一部分的个人幸福，所以私人的事情会慢慢减少，个人也不用再费心地去追求什么了。在一个好的政府领导下，所有的人都会热衷于集会的；但如果是一个坏的政府，那就不会有人去参加集会，谁也不会关心集会上讨论的事情，因为在集会上，得不到公证的、能代表公民意志的结论。还有一个原因是，他们把家庭等私人问题放在了第一位，他们的注意力更多地是在私人的问题上。坏的法律会带来更坏的法律，而好法律会使人制定出更好的法律。当人们在谈论国家大事的时候，如果有人说：这和我无关！那这个国家就完了。

国家的庞大、征服、政府的滥用权力，民众爱国热情的降低，个人利益的兴起，这些让我们想象到国家议会中人民的议员或代表产生的途径到底是什么样子呢？在某些国家，人们竟然称这些议员或代表为第三等级[1]，这就意味着公共利益只占到第三位，而把两个等级的特殊利益放在了第一位和第二位。

既然主权是不能转让的（见本书第2卷，第1章），那么主权也就不能被代表。在本质上，主权是由公意所构成的，而意志是不能被代表的。它绝不能有什么中间的路线，要不是这一个意志，要不就是另一个意志。所以，人民的议员就不可能真正地代表人民，他们不能作出任何肯定的决定，只不过是人民的使者而已。不是人民亲自批准的法律，不管是什么样的法律，我们都可以视其为无效，甚至根本就不能称之为法律。英国人民一向认为自己是自由的，但他们错了，只有在选举国会议员期间，他们才是自由的；在议员选出之后，他们就是奴隶了，甚至可以说什么都不是了。但不管怎么说，他们毕竟短暂地获得了自由，就算他们在其余的时间里丧失了自由也是值得的。

代表的观念在近代刚刚出现，它起源于使人类屈辱的封建政府。这个政府既是罪恶的又是荒谬的，在它的统治下，人一点尊严都没有。不管是在古代的共和国里，还是在古代的君主国里，人民从来没

1　第三等级：指的是法国革命前三级会议中的第三等级。——译注

有过代表，他们甚至不知道有这么一个词存在。在罗马，人们从来没有怀疑过神圣的保民官会篡夺人民的职能，而在集会的时候，保民官也从来没有让全民投票，表决一下自己是否适合做首领，这一点很奇怪。不过，在革拉古[1]时代，曾发生过一部分公民从屋顶上往下投票的场面，由此可以得知，很多人在一起投票也是很麻烦的。

在权利和自由得到充分体现的地方，即使出现一些不足也没什么。这些人民都是明智的，他们会让他们的役吏[2]去做保民官所不敢做的事，会以恰当的措施安排好一切。他们也不用担心他们的役吏有代表人民的意图（见本书第4卷，第4章）。

那么保民官在一般情况下是怎样代表人民的呢？（罗马保民官可以代表人民行使否决权）对于这个问题，我们只要想一下政府是怎样代表掌权者的就知道答案了。法律只是公意的宣言，但在立法权力上，人民是不能被代表的；不过，人民在行政权力上是可以并且应该是被代表的，因为行政权力只是运用在法律上的力量。经过仔细的考察之后，我们可以看出，只有极少数国家是有法律的。不管怎么说，保民官永远也不能以其职务上的权利来代表罗马人民，也不具有任何部分的行政权力，除非他篡夺了元老院的权利（见本书第4卷，第5章），这一点我们是可以肯定的。

希腊人经常在广场上集会，对于他们来说，凡是他们需要做的事都由他们自己来做。他们生活在温和的气候里，最关注的事情就是自己的自由，他们不贪心，琐事都交给奴隶们去做。但是，现今不再有这么方便的条件，所以要想保持和希腊人一样的权利是不可能的。人

1　革拉古时代：革拉古兄弟分别是提贝里乌斯·革拉古(前160—前133）与盖乌斯·革拉古(前153—前121），两人都是著名的雄辩家，罗马帝国的保民官。——译注

2　役吏：古罗马官吏的扈从，拿着斧子或木杆跟随长官，并与长官一起逮捕罪人。他们不是代表，也并无实权，他们是因为古代库里亚大会的形式残余而保存下来的。——译注

民所处的气候更加严寒，因此人民就有了更多的需要[1]；一年之内，公共会场里有六个月是无法呆人的，在露天广场上，人民的含混不清的语言也不能被人听清楚；相对于被人奴役来说，他们更关心自己的收入，更害怕贫困。

难道自由只能以被人奴役[2]为条件才能实现吗？也许吧。这两个极端是相似的。一切违背自然规律的东西，都是有缺陷的，而相对来说，文明社会的缺陷就更多。这样有缺陷的情况在人类社会中确实处处存在，例如：如果人们不以别人的自由为代价，就不能保持自己的自由，而且只有奴隶是完全的奴隶，公民才有完全的自由，斯巴达就属于这样的情况。你们现在的社会是没有奴隶的，但你们自己就是奴隶，你们用自己的自由赎买了他们的自由。你们还在为你们的这一选择而得意，但与其说你们这是人道，不如说你们是因为怯懦。

我在上文中的意思绝不是说奴役权是合法的，我们的社会非要有奴隶才行，因为我已经证明了我的观点是与此相反的（见本书第1卷，第2、4章）。我在这里只是要说明，为什么古代的人民没有代表，而自由的近代人民要有代表的原因。总之，一个民族选出了自己的代表就意味着他们不再是自由的了，他们也就不是真正意义上的公民了。

总的来说，除了在城邦非常小的情况下，掌权者今后还怎么能在我们中间继续行使自己的权利呢？但是，城邦会不会因为非常小而被人征服呢？这种情况是不会出现的。对于这个问题，即人们怎样能够把一个大民族的对外力量，和一个小国的简便的制度和良好的秩序结合在一起？我在下一节中将会做出说明，下面我就要说明。

1　在寒冷的国度，要想仿效东方人的奢侈与柔靡，那无疑是自取灭亡；如果我们这也做的话，就会比他们更容易向这二者屈服的。——原注

2　奴役：这里指古希腊奴隶制。——译注

第16章　政府的建立并非契约行为

立法权一经确立，行政权就要随之确立；因为行政权不属于立法权的本质，它是由个别的行为[1]来运作，所以它很显然与立法权分立的。作为掌权者，如果具有行政权的话，就会导致权利与事实的混淆，以至于人们再也分不清什么是法律和什么不是法律了。所以，这种变了质的政治体很快就会陷入暴力，成为暴力的附属品，但可悲的是，政治体原本是为了反对暴力而建立的（见本书第1卷，第4章）。

根据社会契约的规定，所有公民都是平等的。那么，全体公民就可以做出规定：什么是全体应该做的事？不仅如此，没有一个人有权利让别人去做他自己不愿意做的事。这一种权利，是政治体得以生存和运转的必不可少的条件。在创立政府时，掌权者赋予君主的就恰好是这种权利。

有些人[2]这样认为：建立政府的行为，是人民与他们所推举的首领之间的一项契约。这一契约为人们规定了双方间的条件，即一方有发号施令的权利，而另一方有遵从的义务。但是，这样一种奇怪的缔约方式（见本书第1卷，第4章）是不是可以站得住脚呢？下面我们就

1　个别的行为：指行政官的发号施令，它既不是主权的行为，也不是法律。——译注

2　有些人：指的是霍布斯和洛克，他们两人分别在《利维坦》和《政府论》中都有过这样的看法。——译注

来看看这个问题。

首先，最高的权威是不能被转让，它也是不能改动的，限制最高权威就等于摧毁它。高高在上的掌权者怎么会给自己选择一个上级呢？这种说法不仅是荒谬的，也是自相矛盾的。自己为自己找了一个主人，那就等于使自己又重新回到了完全自由的状态[1]。

其次，这种人民与这些人或那些人之间所订立的契约很明显是一件个别的行为。所以，这一契约是不合法的；因为它既不是法律，也不是主权的行为。

还有就是，订约者双方彼此之间的相互协定没有任何保证，这种约定只受自然法律的制约；所以，不论从哪一方面看，都是与社会状态相背的。手里掌权的人永远都是执行契约的主人，这就等于说，当双方签订契约时，其中一方对另一方说："我可以给你我的全部，但这是有条件的，你必须把你想要的还给我。"（见本书第1卷，第4章）

在一个国家中，只能有一个结合的契约，而这个契约本身就说明了它具有唯一性、不可替代性，其他一切契约在它面前都是违法的。所以说，任何其他的公共契约都是对结合契约的违背（见本书第2卷，第4章）。

1　完全的自由：就是人类最原始的自然状态。当国家唯一的契约——社会公约被破坏的时候，人民就会又重新回到自然状态。——译注

第17章　论政府的建立

但是，现在各国都有政府了，那么我们如何理解各国建立政府的这个行为呢？首先，这种行为是一种复合的行为，它是由其他的两种行为——法律的确立与法律的执行构成的。

通过前者，掌权者规定，将要建立的政府以什么样的形式建立起来。很明显，这种约定就是一项法律。

通过后者，人民便任命首领来负责管理已经确立的政府。但是，这一任命并不是另一项法律，它只是一种个别的行为。所以它仅仅是政府的一种职能，是在执行前一项法律。

那么有一个问题就很难理解了：在政府没出现之前，为什么人们有一种政府的行为？而在某种情况之下，如果说人民既然只能是掌权者或者是臣民的话，那他们中的某几个人为什么能够成为君主或者行政官？

在这里，我们发现了政治体最令人惊异的一个特性，它使表面上相互矛盾的活动变得协调起来。这是因为，主权在猝然间转化为民主制造成了这一特性；以至于没有任何明显可见的变化，而只是通过了一种全体对全体的新关系。这个时候，普遍的行为过渡到个别的行为，公民过渡成了行政官，法律过渡到执行。

这种关系上的转变绝不是空想来的，有真实的例子存在，在英国国会里，这种事情是屡见不鲜的。英国国会的下院在某种情形下会转变为全院委员会，这是为了能更好地讨论事务；而在前一刻，它还是掌权者，瞬间身份就变成了单纯的委员会机构。以委员会的身份，他们对事件作出了规划的报告；然后，他们又恢复了下院的身份，并以这个下院的身份，来讨论前面以委员的身份所作出的报告，而这报告其实是他们以另一种身份已经决定了的。

民主政府所固有的好处就是它可以只由公意的一次简单的行为就可以确立。在这以后，如果这种形式被通过，那这个“临时政府”[1]就可以继续当政，或者是以掌权者的名义而确立一个由法律所规定的政府。这一切就都是按规矩来的，如果我们放弃以上所确立的原则，就不可能以任何合法的方式建立政府制度。

1　临时政府：这个政府只是人民所赋予行政机构的一种临时形式。所以称其为“临时”。——译注

第18章　谨防政府专权

从上面的论述中，就可以得出我们在前面已经提到过的一个结论：建立政府的行为只是一项法律[1]，而绝不是一项契约。行政权力的受托人只是人民的官吏，而绝不是人民的主人；只要人民愿意，随时可以委任他们或撤换他们。这些官吏只能服从，他们没有权利与人民订约。他们在履行国家所赋予他们的这一职务时，不能以任何方式来争论条件的权利，他们只是在履行自己的公民义务。

所以，当人民在建立一个世袭政府时，不管是某一等级公民世袭的贵族制，还是一个家族世袭的君主制，人民所采取的行动只是人民所赋予行政机构的一种临时的形式，而绝不是任何协定，当人民不满意时，它随时可以选择另外的执政方式。

但是，执政方式的改变总是很危险的。所以在一般情况下，千万不要触动已经确立的政府，除非是政府已经变得与公共福利不能相容。不过，这种观点绝不是权利的规定，而只是一种政治的准则；不仅如此，正如同不需要把军事权威交给它的将领们一样，国家也不需要把政治权威交给它的首领们。

---

1 《卢梭的社会政治哲学》中提到：“要使行政机关有力量，变好，并且直接达到自己的目的，一切行政权必须由同一些人掌握，但是更换这些人是不够的，应该使这些人仅仅在立法者的监督下进行活动，并且受立法者的指导。这就是使它(指行政机关)不致篡夺它(即人民)的权威的真正秘密。”——译注

当然，在这种情况之下，人们不能对规定的形式过于拘泥，不然的话，会分不清全体人民的意志与派系的分别，分不清正常的、合法的行为与叛乱骚动的区别。尤其是在这种危险的情况[1]下，在最严格的权利之下，只能给予人们所不能加以拒绝的东西；而且君主也正是从这种义务中得到了极大的方便，他可以在人民反对的情况下，依然保持自己的权力，人们毫无办法，也不能说他是篡权了。这是因为，从表面上看来，君主似乎只是在行使自己的权利，但君主通常会把这种权利扩大，再以公共安全为借口，阻挠那些旨在重建良好秩序的集会。君主通过这样做，造成了一种不正常的状态，许多人因恐惧而沉默。但是，君主却对此做出了这样的假定，那些缄默的人是在拥护他，并惩罚那些敢于讲话的人。十人会议的例子就能很好地说明这一点。十人执政官刚刚被选出来的时候，任期是一年，后来又增加了一年。他们执政后，不再允许人民集会，试图永远保持权力。世界上所有的政府只要掌握了公共力量，再用这种简便的方法，迟早会篡夺主权权威的。

我在前面所谈过（见本书第3卷，第13章）的定期集会可以防止或者推延篡权这种事的发生，当这种集会不需要正式召集手续的时候，效果会更好。因为君主这时候是不能阻止的，不然的话就等于宣告自己是法律的破坏者和国家的公敌了。

这种集会的目的只是维护社会公约，在集会开始的时候，应该讨论两个提案。这两个提案都很重要，要分别对它们进行投票。

第一个是："掌权者是否愿意维持现在的政府形式。"

第二个是："人民是否愿意让目前当政的人继续当政。"

---

1 危险的情况：这是一个法律名词，但在当时很少有人用，作者借此指人民要求行使权利时可能与公共利益发生冲突的情况。——译注

在这里，大家可以看到我已经证明过的一个道理：在国家之中，任何根本法都是可以废除的，甚至连社会公约也可以废除（见本书第1卷，第7章）。如果全体公民集合起来，一致同意废除一个公约，那这个公约被废除就是非常合法的，这一点我们无需怀疑。格劳修斯有这样的观点：每个人都可以退出自己的国家，并且在退出国家时可以要求恢复自己天然的自由和财富。如果说每个公民可以单独做的事，在全体公民集合在一起时却不能做了，这是很荒谬的。

第四卷

第01章　公意不可违

假如有几个人联合起来，自认为是一个整体，那么他们就只能有一个意志，就是为了各个成员的生存和幸福。这时，国家的全部精力是旺盛而单一的，它的目的清晰明了，无论哪里都能清楚明白地表现出共同的利益来，绝不存在各种错综复杂、互相矛盾的利益，明眼人一看就明白这个道理。和平、团结、平等成为政治上一切勾心斗角的敌人。纯朴正直的人们正因为自己的单纯和不够精明而不容易被骗，对他们来说，诱惑和甜言蜜语是没用的。在全世界最幸福的[1]国家那里，在橡树底下，一群群的农民聚在一起，商讨国家大事，他们就像圣贤一样处理着国事。而有些国家则以种种伎俩和玄虚使自己声名远扬而又臭名昭著，它们是精明的，但也会被人藐视。

这样治理下的国家法律是很少的，所以大家都知道，颁布新法律已经是迫在眉睫的事了。第一个提出那些法律的人只不过说出了大家都已经感到的东西，使人人都已经决意要做的事情变成法律，只要他能肯定别人也会照他这样做，那就不需要阴谋和雄辩就可以把人人决定要做的事通过为法律。

理论家们只看到了那些从一开始体制就不好的国家，所以对这些

1　全世界最幸福：指的是瑞士各乡村的居民。——译注

国家就有了误区。他们认为，在这些国家里，是不可能维持这样一种政治制度的。他们想到：假如一个聪明的骗子或者一个能说会道的政客，竟然可以令巴黎人民或伦敦人民信以为真，这是多么的可笑。他们不知道的是：波佛公爵[1]会被日内瓦人严加管束的，克伦威尔是会被伯尔尼[2]的人民关进钟楼的。

但是，当社会团结的纽带开始松弛，国家也开始削弱的时候；当个人利益开始抬头，一些小集团开始影响到大社会时；公共利益就起了变化，并且产生了对立面。公意就不再是众意，投票时就不会再有全体一致通过的情况了，矛盾和争论也出现了，就算是最好的意见也要经过一番争论才能通过。

最后，当国家处在灭亡边缘的时候，只能以一种虚有其表、名不副实的形式生存下去。在每个人的心里，社会的联系都已经破灭了，打着公共幸福的神圣名义为旗号，最卑鄙的利益竟厚颜无耻地登场了。公意在这个时候沉默了，在个人利益的驱使下，人们好像忘了国家的存在，公民也不再提出意见了；人们还以个人利益为目的，假冒法律的名义，通过种种不公正的法令。

那么公意会不会因此就消灭或者变质了呢？这一点不用担心，公意永远是稳固的、不变的而又纯粹的。但它却可能屈服（见本书第2卷，第3章）于其他更强大的意志。每一个人将自己的利益从公共利益中独立出来时，都明白自己并不能把两者完全分开；但是，对他来

1　**波佛公爵**：1616—1669，法国国王亨利第四的孙子，投石党的领袖，被人称为“菜市场之王”。——译注

2　**克伦威尔**：1599—1659，英国政治家、军事家、宗教领袖。17世纪英国资产阶级革命中，资产阶级新贵族集团的代表人物、独立派的首领。克伦威尔曾就读剑桥大学的雪梨苏塞克斯学院，信奉清教思想。在1642年以及1648年的两次内战中，先后统率“铁骑军”和新模范军，战胜了王党的军队。1645年6月在纳西比战役中取得对王党的决定性胜利。1649年，在城市平民和自耕农造成的压力下，处死查理一世，宣布成立共和国。1653年建立军事独裁统治，自任“护国主”。“关进钟楼”是中世纪伯尔尼人民对公共秩序破坏者的惩罚方式。——译注

说，他所分担的那份公共的不幸与他所企求获得的排他性的私利相比，根本就不算什么了（见本书第1卷，第7章）。不过，除了这种私利之外，他也和其他人一样，会为了自己的利益而强烈地要求公共福利。在一些情况下，他甚至会为了金钱而出卖自己的选票，但这只是回避了公意，并没有消灭自己内心的公意。他所犯的错误在于他改变了问题的性质，在回答人们向他所提出的问题时答非所问。所以，他投的那张票并不意味着："这是有利于国家的"，反而意味着："这样或那样的意见通过有利于某个人或某个党派"。所以在集会中，公共秩序的法则[1]就不完全是要维持公意了，反而经常询问公意，而且公意不能不答复。

在主权的权利中，公民有一项任凭什么都不能剥夺的权利——投票。除了投票权之外，还有关于发言权、提议权、分歧权、讨论权等等，我很想对这些权利进行探讨，但由于内容不少，只能专门再写一篇[2]来论述了。

1　公共秩序的法则：即禁止结党营私、秘密集会以及防范阴谋诡计的法则。——译注

2　另写一篇论文：就是《山中书信》第7书。——译注

第02章　论投票

通过上一章的论述，我们知道，处理一般事物的方式是道德民风的实际情况和政治体健康与否的标志。在集会的时候，冗长的争论、意见分歧和乱吵乱闹，也就宣告了个别利益占上风和国家的衰微；反之，人们越是能和衷共济，也就是说人们的意见越是趋于全体一致，则公意也就越占统治地位。

但是，在一些国家体制下，有两个或更多的等级，例如罗马的贵族与平民。即使是在共和国最美好的时代里，他们的争执也经常扰乱着人民大会。在这种情况下，上述的观点影响不大。然而，这种例外多半是表象上的，而不是真正的；这是因为政治共同体内在的缺陷，使这时候的一国之内实际上有了两个国家。上述这一点，对于这两者合起来说，虽然是不可能的，但对于它们每一个分别来说却是可能的。实际上，只要元老院不加干涉，人民的投票即使是在最动荡的时代也总是进行得很平静，而且总是依照多数选票的意志来行事，因为公民们只有一种利益，所以人民只有一种意志。

但这种情况发展到了极端，也会出现全体一致的情形。那就是当公民不再有自由也不再有意志的时候，他们全都沦为被奴役的状态。在有人恐惧、有人阿谀的氛围下，人们不再讨论了，投票成为一种形式，没人敢投不同意见的票，人们不是在赞颂就是在咒骂。罗马皇帝治下可耻的元老院就是这样。不过，有时候这些元老们的做法既荒诞可笑又带着点谨慎，塔西佗[1]曾指出，奥东治下的元老们，在骂维提留斯[2]的时候，又同时制造出一种可怕的传闻，就是为了防止万一维提留斯以后掌权的话找他们算账。

按辨认公意的难易程度以及国家盛衰的情况，我们应当对计算票数和比较民意的方式进行规定，这种规定的准则依据就来自于以上各个论点。

只有一种法律从本性而言必须要有全体一致的同意（见本书第1卷，第5章），这就是社会契约。因为社会的结合是世界上最自愿的约定，每一个人都是自己的主人，他们生来就是自由的；所以不管是什么人，不管用什么样的借口，都不能不经他本人同意就奴役他。假如断定一个将要出生的孩子是奴隶，那就等于说他的父母不是人（见本书第1卷，第4章）。

在订立社会公约的时候，如果出现了反对者的话，这些反对的力量依然不能使契约无效，只是契约不把这些人包括在内而已，他们是公民之外独特的人。但是，在国家成立以后，他们则居住在领土之内也就是服从主权，也就是默认了自己属于这个契约的限定范围[3]。

1　**塔西佗**：55—120，是古罗马最伟大的历史学家，他继承并发展了李维的史学传统和成就。他的著作保存下来的有5部，其中2部长篇是已经残缺的历史著作，3部是完整的短篇作品。它们是《历史》、《编年史》(两部长篇）、《关于雄辩术的对话》、《阿格里可拉传》、《日耳曼尼亚志》。在《历史》和《编年史》这两部作品里，他对自己生活的时代所持有的批判态度表现得很明显。他以史学家的眼光和洞察力，对罗马帝国初期的社会状态和黑暗面做了形象的描述和深刻的揭露。在西方史学史上，他第一次明确地提出了“抽离自我”、“超然物外”的客观主义治史原则，这是他史学成就的最高体现，也标志着西方史学在对史学本体的认识上达到了一个新的高度。反对暴君统治、怀念共和制度，这是他历史研究的最大主题。此外，塔西佗的著作写作技巧高超，文字风格独特。——译注

2　**奥东**：罗马皇帝，公元69年在位；**维提留斯**：罗马皇帝，公元69年在位。奥东与维提留斯争夺皇位，战败后自杀。维提留斯即位后不久被维斯巴辛推翻。——译注

3　这个前提必须是这是一个自由的国家，不然的话，家庭、财产、住所、生活的需要以及暴力等问题都可以把他留滞在国内，而且可以不顾他的意愿是什么。假如这样的话，单凭他的居住就不能断定他是同意契约的还是破坏契约的。——原注

除了原始的契约之外，大多数拥有同一意志的人是永远可以约束其他一部分人，这是由契约本身决定的（见本书第2卷，第3章）。但是，也许有人会这样问：一个人怎样才能做到，即是自由的，而又不得不与并非他本人的意志保持一致呢？反对者怎么才能够做到，既是自由的，又要服从他并没有同意的法律呢？

这个问题的提法是错误的。即使是那些公民若胆敢违犯其中的任何一条都要受到惩罚的法律，即使是那些违反公民的意愿而通过的法律，他们都是同意的。国家全体成员达成的一般性共识就是公意，正是这样，他们才是自由的[1]公民。在人民的集会上，当公民提议制定一项法律时，准确地说，他们向人民所提问的是它是不是符合公意，而并不是人民究竟是赞成这个提议还是反对这个提议。很显然，这个公意也就是他们一致的看法。在投票时，对这个问题的态度，每个人都说出了自己的看法；所以从票数的计算里，就能得到公意的意见。这从而也证明了，当多数人与个人持相反的意见时，那就说明是个人的观点错了，也说明个人对这一问题的看法是不符合公意的。假如说，个人的个别意见居然占了上风，那这件事并不是这个个人原来想要做的，也就是说我做了一件不想做的事，这时我就是不自由的。

不过，这要以公意的一切特征仍体现在多数上为前提；如果这些特征不再体现于多少时，那么不管你做哪一种选择，都不再有自由了。

在前文（见本书第2卷，第3章；第3卷，第18章）中，我已经论证了人们在公共讨论中是怎样以个别意志代替公意的，并列举出对这个问题的预防方法，对这个话题我在后面还要进行阐述。根据各种原则

1 在热那亚监狱的大门上，在船奴的锁链上，都可以看到自由这个词，这样的方法真是又漂亮又恰当。实际上，只有作恶的人才会威胁到公民的自由。如果有一个国家，把所有这样的人都送去做船奴，那人们就能享受最完美的自由。——原注

（见本书第1卷，第5章），我也给出了测定可以宣告这种意志的投票比例数。一票反对就可以使全体不一致，一票之差可以破坏双方相等。但是，介乎全体一致与双方相等之间的还有许多种数字不等的分配，我们可以按照政治体的情况与需要，来确定这其中的每一种的比例。

有两条一般的准则可以用来规定这一比例。一，讨论越是重大，占主导的意见也就越应该接近于全体一致。二，越是需要快速解决的问题，在必须马上做出决定的讨论中，不同意见的双方票额的差距也就不应该太大，只要有一票的多数就足够了。这两条准则中，后一条似乎更倾向于实用性，而前一条似乎更切合于法律。但不管怎么说，只有在这两者结合的情况下，才能确定我们可以宣布的最好的比例。

第03章　论选举

我已经说过（见本书第3卷，第17章），君主与行政官的选举是复合的行为[1]，它可以通过两种方式——选定与抽签。这两种方式都曾在各个不同的共和国里使用过，前不久在选举威尼斯大公时，用到的也是这两种方式，不同的是，他们把这两种方式进行了复杂的结合[2]。

孟德斯鸠说：“抽签选举是民主制的性质决定的。”这个观点我同意，不过，这是为什么呢？孟德斯鸠接着说：“抽签使每个公民都能有一种为祖国而服务的合理愿望，它是一种不会伤害任何人的选举方式。”[3]但在我看来，这个理由并不充分。

选举首领并不是主权的一种职能，而是政府的一种职能，根据这一点就可以看出为什么抽签的办法最具有民主制的性质；因为在民主制之下的行政机构，行为越少越好。

行政职位在真正的民主制之下并不会给本人带来什么好处，反而

1　复合的行为：因为君主与行政官的选举既包括法律的制定，也包括法律的执行。——译注

2　自十三世纪以后，直到威尼斯共和国的末期，威尼斯大公的选举过程是这样的：大会议选出三十个公民；这三十个公民再选出九个公民；这九个公民再选四十个公民；在这四十个公民之中，以抽签抽定十二个公民；这十二个公民再选二十五个公民；再以抽签由这二十五个公民中抽定九个公民；这九个公民再选出二十五个公民；再由这二十五个公民中抽签抽定十一个公民；这十一个公民再选四十一个公民；最后，由这四十一个公民选举大公。——译注

3　引文出自孟德斯鸠《论法的精神》第2章，第2节。——译注

是一种沉重的压力，如果强制让一个人来做而不让另一个人做，那就失去了民主制的民主性。只有在法律的强制之下，才能把这种负担给抽到签的人。因为人人在抽签时的条件都是相同的，而且选择也并不取决于任何人的意志，谁抽到就是谁，绝不会有任何个人能改变法律规定的抽出来的结果。

与民主制不同的是，贵族制是由君主来选择君主，政府自己保全自己，用投票的方法在贵族制之下是非常适合的（见本书第3卷，第5章）。

威尼斯大公选举的例子，证实了这种区别；而不是表面上看到的，推翻了这种区别。那种联合的方法适合联合的政府。因为威尼斯政府就是联合的政府，它不是一种真正的贵族制。如果说，在政府里，那里的人民根本没有份的话，那么，那里的贵族本身就是人民了。大量贫穷的巴拿波特[1]徒有贵族之名，其实他们只是拥有“阁下”这个空头衔以及出席大会议的权利，他们是永远不会接近任何行政职位的。和我们日内瓦的全体会议[2]一样，那次大会议的人数有很多，其中还有许多很显赫的成员，但就算是这些人也并不比我们普通公民[3]更有特权。可以这样认为，如果不把两个共和国的极端差异考虑进去的话，那威尼斯的贵族只相当于日内瓦的市民，威尼斯的公民与人民就相当于我们的土著与居民，威尼斯大陆的臣民则相当于我们

1　威尼斯的贵族分为贵爵与巴拿波特两等，而巴拿波特是贫穷的贵族。——译注

2　日内瓦的全体会议：包括日内瓦的全体公民与市民。——译注

3　自十六世纪加尔文时代以来，日内瓦人即分为五等：公民、市民、居民、土著与臣民。其中只有前两等(公民和市民）才有权参与政府和立法。公民享有完全的政治权力，市民可以参与行政但不能担任最高行政官。公民必须是公民或市民之子，并生于本城之内。市民是取得了市民证书的人，市民证书给予他以经营各种商业的权利。公民与市民的总数从未超过一千六百人。居民是由买到了市内居住权的异邦人构成的。土著则是生于本城之内的上述居民的子女，他们没有经营任何一种商业的权利，而且有许多行业对他们是禁止的；但纳税的负担主要是落在他们身上。最后所谓臣民则是日内瓦本土上的其余一切人，不论是否生于日内瓦本土之内，他们在各方面都是毫无地位的。卢梭自己就是“日内瓦的公民”。这里和下文的“我们”都指日内瓦。——译注

的乡民。最后，不管用什么样的方式去考察那个共和国，除了它的地域广阔而外，比较来说，我们的政府更像贵族制。两个政府的不同之处在于我们没有一个终身的首领，而他们有，所以我们根本不需要抽签。

抽签选举在真正的民主制下不会有什么不方便，因为这里人人都平等。不论是在道德和才能方面，或是在品行和财富方面，所以无论谁做首领几乎都无所谓。然而，我曾说过（见本书第3卷，第4章）真正的民主制是根本就不存在的。

当选举与抽签两者分开用的时候，抽签则只适宜于需要有健全的理智、公正与廉洁就够了的地方，例如审判职务，因为上述这些品质在一个体制良好的国家里，是一切公民所共有的。如果碰到需要专门才能的地方，例如军事职务，就应该由选举产生。

无论是抽签还是选举，在君主制的政府之下都是没有任何地位的。君主对他部属的选择权，就只能属于他本人——独一无二的君主与行政官。圣彼得修道院院长[1]有过这么一个建议：扩大法国国王的御前会议，并用投票的方式选出它的成员。但是，他并没有想到，他的这个建议实际上是要改变政府的形式。

我还应当补充一点，那就是人民大会上的投票与计票的方式。在这方面，也许罗马政治制度史可以更清楚地解释我所要确立的全部准则。在一个二十万人的会议[2]上，人们怎样处理公共的和个别的事务，作为一个慎思明察的读者，稍微详细地看一看还是很值得的。

1　**修道院：基督教组织机构名称，是天主教培训神父的学院，又译神学院。简称修院，分为备修**院、小修院、大修院三种。这里说的圣彼得修道院院长是一位法国著作家，他在1728年出版的《论多元会议》一书中曾建议法国各行政部门采用委员会制。——译注

2　**二十万人的会议：即罗马人民大会。——译注**

第04章　关于罗马人民大会

有关罗马初期的可靠文献，我们是完全没有的。现在看来，人们谈到有关罗马的大部分事情，很有可能全都是寓言。通常说来，各民族编年史上，最有教育意义的那部分就是他们创业的历史，而这一时期也正是我们了解最缺乏的部分。经验每天都在提醒我们各帝国爆发革命的原因，但现在已经不再有新的民族形成了，所以我们只有依靠推测来解释它们原来是怎样形成的。

我们发现了古人的一些习惯，很显然它们应该都有一个起源。我们在研究这些起源时，就不得不用到相关的传说。其中有些传说，已经经过了最大的权威认证和最有力的推理所证实了的，对于这样的传说，我们应该认为是可信的。而这条原则，是我在探索世界上最自由、最强盛的民族怎样行使他们至高无上的权力时最重要的依据。

由阿尔斑人、沙宾人和异邦人[1]构成的一支建国者的队伍，共同建立了罗马共和国，建国之后，国内就分为这三种人。在这种划分下，我们称它们每一个部分为部族。每一个部族分为十个库里亚[2]，

1　这是罗马最古老的三个部族：阿尔斑人、沙宾人和异邦人。这三个部族事实上均起源于拉丁族。——译注

2　库里亚：在罗马王政时期，每一部族分为十个库里亚，每一库里亚又分为十个氏族，每一氏族又分为十个家族。——译注

而每个库里亚又被分为十个德库里亚[1]，其中为首的便是号称库里昂和德库里昂[2]的首领。此外，每个部族都会征集一支一百名骑兵或骑士，组成一个叫作百人团的团体。当初只不过是出于军事性的目的才进行这样的划分，而实际上这样做根本没有什么必要。但是，仿佛是出于一种本能的伟大，罗马这个小城为自己制订了一种适合自己的政体，这种体制让它不愧为世界之都。

这种最初的划分很快就带来了一种弊端：异邦人的部族因为异邦人的经常流入而不断地扩大，而阿尔斑人的部族和沙宾人的部族始终是处于原来的状态，所以异邦人的部族的势力很快就超过了前两个部族。为了化解这个危险的弊端，塞尔维乌斯（见本书第2卷，第3章注）找到了一个补救办法——改变划分方法。他根据每个部族在城中所占的地区进行划分，把原来的三个部族分为四个，并以它们各自区域里的一座小山命名。所以，在补救当前的不平等的同时也防止了未来的不平等。不仅如此，在进行这种划分的同时，还规定一个地区的居民不能转移到另一个地区去，这对各个种族互相联合也起到了预防作用。

他后来又不断扩大骑兵百人团，一直增加到15个，虽然百人团的数量不断增多，但名称却始终一直沿用原来的。这种简单而又聪明的做法，在人民毫无怨言的情况下，使骑士团体与人民团体清楚地分了开来。

塞尔维乌斯还在这四个城市部族之外增加了十五个乡村部族，这些乡村部族是由乡村划分为数目与此相同的乡区的居民所组成的，后来，在此基础上又增加了一些新部族，最后罗马一共有三十五个部

1　德库里亚：是罗马军队的十人小队。——译注

2　库里昂和德库里昂：就是库里亚长和十人长。——译注

族。此后，他们一直维持着这个数目，直到共和国灭亡。

城市部族与乡村部族的这一划分十分引人注目，不仅因为罗马民风的保持及其帝国的扩张全都有赖于此，还因为以前还从来不曾有过这样的先例。通常来说，人们一定以为城市部族会获得尊贵的荣耀与权势，也会看不起乡村部族，但实际情况完全不是这样。我们知道，对于乡村生活，早期的罗马人是非常感兴趣的。这种兴趣来源于他们贤明的创造者，早期的创造者把美术、工艺、阴谋、财富以及奴隶制全都赶进了城市，而把农事、军事与自由结合在一起留在了乡村。

所以，几乎罗马所有赫赫有名的人物都是生活在农村的，并且耕种过土地。正因如此，去乡村寻找共和国的人才也就成了习惯。人们宁愿过乡村人的简朴勤劳的生活，也不愿过罗马市民那种游手好闲的生活，连罗马最尊贵的贵族也是这样，所以这样的生活方式也就受到一切人的尊崇。就算在城市只是个不幸的无产者，只要回到乡村劳动，立时就会受到公民们的尊敬。瓦罗[1]说过，在乡村里，我们高尚的祖先，为那些茁壮而勇敢的人奠定了监视基础。在战争时期，那些人保卫着他们；在和平时期，那些人养活着他们，这话是有一定的理由的。普林尼[2]说，人们为了羞辱懒汉们，就把他们很不光彩地迁徙到城市的部族里去，所以乡村部族才如此受人尊崇，除此之外，还因为有组成乡村部族的那些人。沙宾人阿皮乌斯·克劳底乌斯[3]后来定

1　瓦罗(前116—前27）是罗马政治家、学者。此处所提及的话见西古尼乌斯《古代罗马公民法》一书中所引。——译注

2　普林尼(23—79年），又称老普林尼，古代罗马的百科全书式的作家，著有《博物志》一书。这部巨著是对古代自然知识百科全书式的总结，内容涉及天文、地理、动物、植物、医学等科目。普林尼以古代世界近五百位作者的两千多本著作为基础，分34707个条目，范围极为广博。他把自己的外甥收为养子,他就是著名的小普林尼(公元62—113年）小普林尼最著名的是他的习信。他一共收集和发表了10卷，369封信。其中前9卷包括248封信，这248封信写给105个不同的收信人，其中包括朋友、熟人和当时的知名人士。除此之外，在他第10卷的一些信中，小普林尼还探讨了如何对待基督教的问题。本文引用的应为小普林尼的观点。——译注

3　阿皮乌斯·克劳底乌斯：传说是罗马帝国十二铜表法的修订者，罗马十人会议的领袖。——译注

居于罗马，被编入了一个乡村部族。他极为受人尊敬，后来，这个部族就以他的姓氏命名。最后，被释放的奴隶从没有参加乡村部族的，只能参加城市的部族。在整个共和国时期，被释放的奴隶虽说已经变成公民了，但从来没有记载说明他们获得过任何一个行政职位。

这一准则本是完美的，但它却被推行得过了头，导致在实行时产生一种变化，并最终形成了政治体制上的一种弊端。

首先，把公民从一个部族转移到另一个部族是监察官的权利，在长期掌握了这项权利之后，他竟允许大部分人自行编入他们所愿意参加的部族。对监察官来说，这种许可不仅没有什么好处，而且还剥夺了他本人很大一部分的监察权。被释放的奴隶们成为公民之后，又和民众一起留在城市部族里，而权贵们都把自己编入了乡村部族，所以，部族就不像开始一样是地方性的或者区域性的了。但是，此时的各个部族已经混在了一起，除了根据登记簿外，人们无法分辨各个部族的成员信息。由此开始，部族已经名存实亡，或者说部族观念开始由实在的概念转化为身份的概念。

因为城市部族具有地理优势，所以在人民集会时，他们一般是最有势力的，并且还会把国家出卖给那些贿买选票的无耻败类。

立法者[1]早就规定每一部族拥有十个库里亚，所以当时在城墙范围以内，全部罗马人民就构成了三十个库里亚。每个库里亚各有其自己的庙宇、神 、官吏、祭司，还有称为大路节[2]的节日，后来乡村部族中所有的那种乡村节[3]，就和这一节日类似。

---

1 立法者：指罗穆鲁斯。传说他是罗马的缔造者，也是罗马的第一个国王(前753—前715)，罗马城的名字就是从他的名字而来。——译注

2 大路节：在大路上举行的节日，是为古罗马纪念守护神，日期由大法官指定；内容包括一次叫作的公共会餐。——译注

3 乡村节：每年一月二十六日至二十八日在乡村中举行，是为了纪念农神与地神的节日。——译注

我们已经提到，塞尔维乌斯后来进行了新的部族划分，但他根本无意去触动这三十个库里亚，而且三十这个数目也不能平均分配到四个部族里。于是这些部族之间互相独立的库里亚成了罗马居民的另一种划分方式。但无论是在乡村部族还是在构成这些乡村部族的人民中都绝不会发生库里亚的问题，因为这些部族既已变成了纯粹的民事组织，罗穆鲁斯的军事性的划分方法也早已弃之不用，而改用了另一种制度来征集部队。所以，本来是属于一个部族里的人却常常不是在同一个库里亚之内。

除此之外，塞尔维乌斯还实施了和前面的两种没有任何关系的第三种划分，但这却是三种分法当中最重要的一种。他既不是按地区也不是按人身，而是按财富来划分，把全体罗马人民分为六级。划分靠前的等级全是富人，中间各级则是拥有中等财富的人，而后面各级全是穷人。这六个等级经过进一步的再划分，被分成一百九十三个团体，称为百人团。在这些团体中，第一级的占了一半还要多，第六级（最后一级）所有加在一起只构成其中的一个团。整个最下一级包括了罗马居民人数的一半，经过这样的划分之后，这么多的人只占了一个团；而人数最少的第一级，团数占的却最多。

塞尔维乌斯为最后一种划分方式披上了军事的外衣，目的是不想让人民认识到最后面这种形式的结果。所以，在第二级中，他插入了两个甲胄士百人团；在第四级中，他插入了两个军械士百人团。除了最下一级，他在每一级中都区分开青年与老年，即区分开那些有义务服兵役的人与那些已经达到法定免役年龄的人；这种区分比财富的区分更有必要，因此要经常地进行人口普查和统计。最后，他还要求所有达到服役年龄的人，都须携带武器参加玛尔斯教场[1]上召开的会议。

1　玛尔斯教场：在罗马城界以外，百人团大会召开的地方。——译注在最下一级中，塞尔维乌斯为什么不进行这种区分呢？就因为他决不想让构成最下一级的民众也有拿起武器保卫祖国的荣誉的机会，他认为靠最下一级保卫家园有辱国体。今天，各国国王军队里的那些数不清的乞丐，要是在当时的话，恐怕会被罗马人鄙夷地从他们的步兵队里驱逐出去，因为那时的兵士乃是自由的捍卫者。

但在最下一级中，还可以分为两类——无产者[1]和那些叫做“按人头计数”的人。前者还不是一点用处都没有，至少还是国家的公民，在紧急关头甚至还可以拉来充军；至于后面一种，那些一无所有的人、按人头计数的人完全被认为是毫无价值的。一直到马留乌斯[2]时期，这种情况才有所改观，后面这一种人也可以入伍。

对于这三种划分方法，我在这里不想评价它们本身的好坏，但可以确定的是，如果不是早期罗马人的大公无私、他们对农业的兴趣、他们的纯朴民风、他们对于商业的鄙视，就不会使这种办法有了实施的可能。近代没有一个民族能够使这样一种制度延续二十年之久，而又不至于颠覆整个国家的，这些民族贪得无厌、爱耍阴谋诡计、为利益而终日忧虑、永远不断的枯荣、反复无休无止的浮沉变幻……我们还应该认识到，与这种制度本身相比，罗马的民风与舆论要更有力量，同时也纠正了这一制度的弊病：富人如果过分炫耀自己就会被贬到穷人的等级里去。

虽然事实上是有六级的，但从这一切我们就可以知道人们为什么总是只提到五级。第六级在共和国里几乎没有任何用处，他们既不在玛尔斯教场上[3]投票，又不向军队提供兵士，所以也就不大被人当作

---

1 无产者：即所有的第六等级，他们组成的那个百人团可以参加开会，但没有投票权。——译注

2 马留乌斯：前157—前86，罗马将军、政治家，曾先后七次任执政官。——译注

3 因为百人团大会是在玛尔斯教场上召开的。而其他两种形式的大会，人民是在市场上或是在别的地方开会的，这时候“按人头计数”的人就具有和最高级的公民一样的作用和权威了。——原注

一回事了。

上面是罗马人民的各种不同的划分方式。我们现在再来讨论一下它们在大会中所起的作用。

这些合法召集的集会叫作人民大会。大会通常分为部族大会、百人团大会和库里亚大会三种，至于怎么分辨这三种大会，是依据这三种形式中的哪一种而定。一般来说，它是在罗马公共会场[1]上，或是在玛尔斯教场上举行。部族大会是保民官创立的制度，百人团大会是塞尔维乌斯创立的制度，库里亚大会是罗穆鲁斯创立的制度。任何行政官只有人民大会才能选举，任何法律只有人民大会才能批准。每一个公民都被编入某一个库里亚、百人团或部族之内，所以每个公民都有投票权。由此可知，不管是在法律上还是在事实上，罗马人民都是真正的掌权者。

为了使大会能够合法地召开以及使它的行为具有法律的力量，就必须做到以下三点：第一是大会必须在一个法定的日期举行；第二是召集大会的团体或行政官必须赋有为此所必需的权威；第三是必须要有好的天气以及兆头。

第二条规定的原因很简单，在这里就不多做说明了。第一条是一项管理方面的规定，因为乡村的人们都进罗马城去办自己的事，所以没有时间能到公共会场上来呆一天，因此在节日与市集的日子就不允许举行人民大会。再看第三点，这一点可以使元老院及时抑制要谋反的保民官的狂热，以及约束一个自负而激动的民族；不过，为了摆脱这种束缚，保民官相应地找到了各种办法。

1　罗马公共会场：罗马建于七座小山上，七座小山之间的狭长地带就是罗马的集市，公共集会也在这里举行。——译注

罗马人民取代了政府[1]最重要的各种职能，法律与首领的选举绝不是提交人民大会议决的唯一事项。甚至可以这样认为，整个欧洲的命运都是在罗马大会上决定的。根据这些会议所要表决的事情，可以知道会议的目的有很多种，这也是因为会议形式是多样的。

通过比较我们可以知道这些不同形式的区别。罗穆鲁斯创设库里亚是想让人民与元老院两种力量相互制约，而他则可以同时驾驭这两方面的力量。所以，通过这种形式，他就赋予人民数量上的绝对优势，来制衡他所留给贵族们权势上与财富上的权威。但是，因为贵族们的受保护者[2]可以影响到投票的多数，罗穆鲁斯按照君主制的精神还是留给了贵族们更多的好处。没有这种值得赞美的保护主与受保护者的制度的话，与共和国的精神是如此相悖的贵族制就无法维持了，这种制度真是一项政治的与人道的杰作。这一制度一直没有什么缺点，但是，后人却并没有愿意效仿。也许只有罗马才有这种荣誉，为全世界做出来这样光辉的榜样。

在国王的统治下，这种库里亚的形式一直存在到塞尔维乌斯时期。到了塔尔干王朝末期，这种形式根本就被认为是不合法的，所以通常情况下，我们用库里亚法这个名词来指王政时期的法律。

在共和时期，通常情况下，库里亚只限于四个城市部族以及罗马城的民众。所以这些库里亚既不能与虽然是平民但却是作为富裕公民之首的保民官相适应，也不能与作为贵族之首的元老院相适应。所以这种制度慢慢就失去了威信，到最后竟然出现了这种情况：库里亚的

---

1 最初的时候，罗马的行政权只属于国王、元老院以及少数贵族。——译注

2 受保护者：古罗马有一种保护制度，他是平民与贵族之间的一种依附关系。根据这种制度，受保护者对保护主应表示尊敬、忠心并负有按期交纳金钱或实物的义务。在人民大会中，应顺从保护主的意见而投票。这里的“受保护者”指古代罗马受贵族保护的平民。在法庭上，为受保护者辩护；当受保护者贫困时，保护者予以适当的补助。在罗马王政时期和早期共和国时期，受保护者集团是罗马贵族的主要社会支柱。——译注

三十名役吏[1]集合起来，就代替了库里亚大会的决断权。

百人团的划分对贵族制极为有利，这不禁让人民产生这样一种困惑：既然是以百人团大会为名，人民大会选出了执政官、监察官和其他的象牙行政官[2]，那为什么元老院在其中始终不占优势呢？我们知道，全体罗马人民这六个级是由一百九十三个百人团构成的，第一级就包含了九十八个百人团，因此如果只按百人团来计票的话，第一级的票数比其他五级的总和还要多。所以就造成这样一种结果：当第一级所有的百人团意见一致的时候，人们就根本不需要计算票数了，结果显而易见，少数人所决定的事被通过成为大多数人的决议。所以可以这样认为，在百人团大会里，一切事情并不总是由以票数的多少来决定的，还与金钱的多少相关。

但这种极端的权威却有两种方法可以缓冲。

首先，保民官属于富有者的等级，而绝大多数的平民也是属于这一级别，所以在这第一级里面，他们与贵族们的威信相互制约。

其次，不让百人团一开始就按他们的级别进行投票，不然的话，第一级总是最先投票；而是采用抽签的方法，抽出一个百人团让它单独进行选举。过了一段时间之后，再按等级召集全体的百人团，重新进行这同一项选举，一般情况下，选举的结果和第一次差别都不会很大。如此一来，按民主制的原则，示范的权威便由级别让给了抽签。不仅如此，这种办法还有另一种好处：在两次选举之间，乡村的公民

1　役吏：见本书第3卷，第15章注。库里亚大会为罗马人民大会最古老的形式，王政时期即已存在，具有最大权威。塞尔维乌斯改革之前，它是罗马人民及贵族的唯一集会形式。百人团大会和部族大会出现之后，库里亚大会失去了它的存在意义，而仅仅保留着形式。它只有一种纯属形式的权利，即把统治权依一项库里亚法授给百人团大会所选举出来的高级官吏。这样做的时候并不需要库里亚的成员出席，只需要三十个库里亚有三十名役吏和三名占卜祭司出席就够了。——译注

2　象牙行政官：古罗马只有执政官、大法官、监察官、象牙司礼官和独裁者有资格坐象牙椅。——译注

可以有时间了解临时被提名为候选人的优点，这样在了解情况之后，更有利于他们投票。但是，这种办法终于还是被废止了。因为有人提出了时间宝贵，两次选举应该在同一天之内举行。

实际上，罗马人民的议会就是部族大会。部族大会只能由保民官召集，在会上，会选出保民官，并通过平民制定一些法律。在部族大会里，元老院是没有一点地位的，甚至连出席的权利都没有。元老们不能投票表决的那些法律，他们自己也不得不服从，从这个方面来说，元老们还没有一个最卑微的公民自由。但是，人们误解了这种不公正，这种误解足以使一个不曾容纳其全体成员的公共团体的法令全部失效。当所有的贵族以作为公民所具有的权利出席大会时，很难影响到这种按人计票的表决形式，因为最渺不足道的无产者这时也可以和首席元老一样投上一票，他们现在只是单纯的个人。

由此可见，一个人口众多的民族进行投票，必须进行不同的分配，除了这些分配方式产生的秩序外，这些分配方式的本身也并不流于无关重要的形式。其中每一种分配方式的确立都是由人们为什么要选择这一方式决定的，正因如此，某些分配方式才会受到大家的信赖。

根据以上的阐述，不必再谈更多的细节，可以得出这样的结论：百人团大会最有利于贵族制，部族大会最有利于人民的政府，由罗马民众构成了其中的大多数库里亚大会有利于有不良居心的暴君制。因此库里亚大会一直遭到世人诟病，就连那些叛乱者们都不愿意使用这种办法，因为这可能使自己的图谋暴露出来。很显然，只有百人团大会才是全体的，也只有在百人团大会里，罗马人民的全部尊严才能充分表现出来；因为在部族大会里，没有包括元老院和贵族，而在库里亚大会里，又没有包括乡村各部族。

计算票数的方法尽管还不如斯巴达那么简单，但早期罗马人的计票方式也很简单，就和他们淳朴的民风一样。在记录员的记录下，每个人都会大声报出自己的一票。每个部族中的多数票就代表了本部族的决议，各部族间的多数票就是人民表决的决议，库里亚和百人团也是如此。当人人都耻于公开投票赞成一种不公正的意见或一个不称职的臣民的时候，当正直在公民中间占有统治地位的时候，这种办法才是好的。但如果人民腐化了，从而进行贿选，那就应该采用秘密的投票[1]方法。这样可以用不信任来制止贿选者，并且也可以使那些无赖不至于成为卖国者[2]。

据我所知，西赛罗[3]是谴责这种改变的，而且他还认为这是共和国灭亡的原因之一。虽然西赛罗的观点在这里有着很重的分量，但他的意见我不能赞同。与此相反的是，我认为正是由于这类改变做得不够才导致国家的灭亡。适用于善良人民的法律，我们决不能要求把它拿来治理腐化了的人民，这就像健康人和病人要补充不同的营养一样。威尼斯共和国有着悠久的历史，它也是能证明我的观点最好的例子，它的影响现在还存在着[4]，因为威尼斯的法律只适用于坏人。

所以每个公民都被分了一张票，在投票时，不让别人知道投票者的意见是什么，是每个公民应有的权利。人们还制定了关于收票、计票、比较数字等一些新的措施，但就算采取了这么多的措施，负责这项职务的官吏们的忠诚性仍然遭到大家的怀疑。人们制

1　百人团会议最初是公开投票的，至公元前二世纪末叶改为秘密投票。——译注

2　此处意谓流氓无赖虽然出卖了自己的选票，但因为投票是秘密进行的，所以仍然可以不投贿选者的票，从而可以不至于出卖自己的国家。——译注

3　西赛罗：前106—前43，罗马政治家，执政官。这里引用的观点出自他的《论法律》第4卷，第15—17章。——译注

4　在作者写《社会契约论》的时候，威尼斯共和国还存在着，三十年之后，威尼斯共和国才灭亡。——译注

定过种种禁令来防止投票的舞弊与交易，这么多的禁令恰好说明它们本身是无效的。

在罗马共和国后期的时候，罗马人不得不借助一些非常的权宜手段，以此来补救法律的不足。有时他们趁候选人还没有来得及进行阴谋活动之前，就突然召集一次大会；有时他们因为看出人民已被人争取过去，打算参加另一方了，于是就将整个会议都消磨在聊天中；有时他们就伪装成神，但这种办法不能欺骗统治人民的人，只能欺骗人民。但是，野心家骗过了这一切。在这样的流弊泛滥之中，靠着古代的成规，广大的人民竟从未停止过选举行政官、通过法律、审判案件以及处理一切公私事务，几乎和元老院一样，亲身做起来是同样地轻松顺利。

第05章　关于保民官制[1]

在国家的各个组成部分之间，当人们不能确定一个严格的比例，或有一些不可消除的原因，不断地改变着它们的比例时，人们便建立了一种特殊的行政机构。这一机构或是在君主与人民之间，或是在君主与掌权者之间，或者如果必要的话，同时是在这两方面之间，形成一种联系，也可以说是一个比例中项（见本书第3卷，第1、7章）。它并不和其他部分一道构成共同体，但能使各个项目恢复正确的比率。

我称这个团体为保民官制，它是法律与立法权的守护者。有时候，它就像人民的保民官在罗马所做的那样[2]，可以用来协助掌权者对抗政府；有时候，又像目前十人会议在威尼斯所做的那样，可以用来支持政府以对抗人民；有时候，还像监察委员[3]在斯巴达所做的那样，可以用来保持一方与另一方之间的平衡。

但是，保民官制也不应该具有立法权或行政权的任何一部分，它

1　据传说，罗马保民官制度创立于公元前494年。至少自公元前471年以后，便已在部族大会上进行选举保民官。在整个罗马共和时期，只有平民才能担任保民官。最初保民官只召集人民大会，担任大会的主席，并提出建议；其后逐渐参与一般立法，并取得了召集元老院开会的权利。——译注

2　罗马“人民的保民官”或“平民保民官”的职责是保卫平民不受贵族高级官吏的侵犯，他们只能从平民中间选出。——译注

3　监察委员：这是斯巴达自古以来就有的制度，由公民大会选出五人组成监察委员会。开始的时候，设置监察委员是为了在公民中维持斯巴达对人民的权威。监察委员在国王出征时，有二人同行，监督国王的行动。监察委员可以征集军队、课税并执行一切审判职务。监察委员最初具有民主性，但是，公元前五至四世纪之后，它逐渐转变为保障上层利益的寡头机关，并掌握极广泛的行政权与司法权。——译注

也绝不是城邦的一个组成部分。也正是因为这一点它的权力才最大，因为它可以禁止一切事情。虽然它不能做任何事情，但比起执行法律的君主与制定法律的掌权者，它作为法律的保卫者要更为神圣、更为可敬。以上出现的情况，在罗马很容易看到。罗马那些高傲的贵族们总是鄙视所有的人民，但是，在一个平凡的、既无占卜权又无司法权[1]的人民官吏的面前，他们却毫无办法。

假如控制得当，保民官制可以成为一个良好体制的最坚固支柱；但是，如果它的力量只要稍微过头的话，就会毁灭一切；软弱不是保民官制的属性，哪怕它只有一点点的权利，它也不会停止追求权利的步伐，直到权利达到它所必需的权力那么多。

保民官制度只是行政权力的调节者，是法律的保护神，一旦它篡夺了行政权，那它就会蜕化为暴君制。监察委员的庞大权力在斯巴达还能保持它的民风时是不足为患的，但只要腐化开始，就会愈演愈烈。阿基斯[2]被这些暴君们杀掉，后来他的继承者为他报了仇，监察委员们所犯的罪行与受到的惩罚一起加速了共和国的灭亡。所以，斯巴达在克里奥曼尼斯[3]时期之后，就乏善可陈了。罗马灭亡的道路和这个很相似，保民官靠着原是为了自由而制定的法律的帮助下，以法令篡夺了过度的权力。那些摧毁了自由的皇帝们，最后都是以此为保障[4]。威尼斯的十人会议是一种血腥的法庭，对于贵族和人民来说，它的每一样都是可怕的。而且当它堕落的时候，它只是在暗中进行那

---

1 罗马保民官没有自己的标志性的官衣和随从，也不需要占卜，但他们有一定的司法权。——译注

2 阿基斯：斯巴达王阿基斯四世，前245—前241年在位，他最后被监察委员会处死，因为他实行改革，意图恢复古代莱格古斯的制度。——译注

3 克里奥曼尼斯：斯巴达王克里奥曼尼斯三世，前236—前222年在位，他逮捕并杀死了监察委员，恢复了古代的制度。——译注

4 恺撒和奥古斯都都曾任终身保民官，也获得了他们个人终身神圣不可侵犯的权利。公元前36年，奥古斯都建立了罗马帝国，结束了罗马共和国的历史。——译注

些骇人听闻的勾当[1]，远不是高尚无私地在保护法律。

保民官制就和政府一样会随着自己成员的增多而削弱。罗马人民的保民官人数开始只有两个，后来变成了五个，他们还嫌不够，希望能再增加一倍。元老院同意了他们这样的做法，不过，这并不是元老院出于什么好心，而是他们猜到这么做会彼此制约，这种情况后来果然发生了。

那么，怎么防止这么强大的一个团体篡权呢？我这里有一个最好的方法：就是不让这种团体成为永久性的，规定它必须有一定的间歇期，在间歇期间滋长它就会被取消。至今还不曾有任何一个政府，注意过这个方法。这些间歇期时间也不宜太长，不然的话，滥用职权的行为就有时间繁殖扩大。间歇时间的长短可以由法律来规定，在必要的时候，这可以使人能很容易通过非常委员会加以缩短。

在我看来，这种方法并没有什么不妥，因为我前面已经提到，保民官制去掉之后也不会损害体制，因为它本来就不是政治体制的一部分；而且一个新恢复起来的行政官，是从法律所赋予他的权力出发的，并不是从他的前任所具有的权力出发，所以我认为这种方法还是有效的。

1　威尼斯十人会议：他们可以用公安委员的身份处理一切叛国案件，暗杀是他们最常采用的方法。——译注

第06章　论独裁制

法律是不能通融的，这也妨碍了法律不能因事件而变通，所以在某些情况下，这可能使法律成为有害的，并且在危急关头，还可能因此使国家灭亡。一件事如果按照法律的程序来走，那种种手续上的拖延有时候是局势所不容许的。有些时候情况千变万化，立法者极有可能预料不到到底出现什么样的情况。所以，能够察觉到我们并不能预见一切其实就是一种极其必要的预见。

因此，在强化政治制度的时候，不要强化到使法律中止生效的地步。斯巴达在一段时期内，曾将国家的法律束之高阁。

不过，只有那些最大的危险才能与变更公共秩序的危险相提并论。在一般情况下，人们是决不应当停止法律的神圣权力的，除非到了涉及国家生死存亡的时候。在这种罕见而又特殊的情况下，人们以一种特殊的行为，把维护公共安全的责任，委任给一个最值得信任的人。根据危险的种类来分，这一委任可以以两种方式进行。

如果扩大政府的活动就能够挽救危局的话，那就可以把政府集中在它的一个或两个成员的身上。所以，这里变更的仅仅是行使法律的形式，而不是法律的权威。如果危险已经到了使法律的尊严成为维护法律的障碍这个地步，这时可以指定一个最高首领，他可以暂时中止主权权威，使一切法律都沉默下来。很显然，在这种情况下，人民首要的意图是使国家不至于灭亡，公意在这个时候是不用怀疑的。立法权威在采取这种方式时是中止的，但这并不意味着它就消失了。行政官（即前文中的最高首领）可以控制立法权威，却不能代表它。他可以做一切事情，但是不能立法；他可以让它沉默，却不能使之讲话。

罗马元老院以一种庄严的仪式，授权执政官来保障共和国的安全，这就是第一种方法。第二种方法是阿尔比[1]给罗马做出了先例，就是当两个执政官之一任命一个独裁者[2]的时候。

当罗马共和国建立之初，罗马人民每每求助于独裁制；因为国家还没有一个足够巩固的根基，能够仅凭宪法的力量就可以自保。

罗马这时的民风，使在别的时代里曾经是必要的种种防范措施都成为多余；人们既不用害怕独裁者会企图在任满之后仍然保持他的权威，也不用害怕他会滥用他的权威。从另一面来说，对于被赋予这种权力的人，这样大的权力反而是一种负担，独裁者因而总是想法设法地急着摆脱这种权力。这不禁让人这样以为，取代法律的地位是一种非常痛苦的事，而且还非常的危险。

所以在罗马共和国初期，这里的危险就不在于滥用权力，而在于贬低权力，他们对这种至高无上的行政官制度的运用是不够谨慎的，这也是我要指责他们的原因。因为人们经常接触到这种制度，它被滥用于选举、奉祀以及种种纯形式的事务上，这个时候，我们就会担心，当危险真的来临时，它在危急关头会不会反而变得不够坚强；而

1　阿尔比：罗马拉丁区最古的城市。——译注

2　独裁者：原称“人民首领”或“最高领袖”，是国家紧急时期所任命的特殊行政官，赋有绝对的权力。但早期罗马，除了在发生战争或叛乱的情形外，还任命独裁者来主持宗教上的某些仪式或民事上的一些典礼，任务执行完毕之后，独裁者立即退位。因此，罗马早期所谓独裁者与后来在国家处于紧急时期所任命的具有全权的独裁者，其含义并不完全相同。现在的独裁者是指在独裁或专制的政权下，而取得国家最高权力的领导人，也有部分人士是透过民主制度成为领导人或总统任命成为内阁后才实行独裁统治。——译注

且仅仅是用之于无谓的仪式方面的这种官衔，人们习惯于只把它看成是个空头衔。

罗马人到了共和国的后期变得更加慎重，但是，正像以往他们滥用独裁制那样，他们又同样毫无理由地吝惜独裁制。他们的戒心是缺乏根据的，这一点很容易就看得出来，在它内部那些行政官的面前，当时首都力量的薄弱反而成了安全的保障；在某种情况之下，一个独裁者可以保护公共自由，但一定不能侵犯公共自由。罗马的枷锁是在他的军队里面造成的，而并不是在罗马内部造成的。马留乌斯对苏拉[1]，以及庞培[2]对恺撒[3]都没有进行什么抵抗，这就能够说明，以内部权威去抵抗外来的武力的结果是什么了。

罗马人因为这种制度上的谬误而犯了重大的错误。例如，在卡提里纳[4]这件事上，他们并未任命一个独裁者。一个独裁者运用法律所赋予他的无限权威，是很容易消除阴谋的；因为这一事件毕竟只是罗

---

1 **苏拉(约前138—前78)，古罗马统帅，政治家。早年在马略麾下参加朱古达战争和对日耳曼人**作战。前93年任大法官。前90年参加同盟者战争。前88年任执政官，为争夺米特拉达梯战争指挥权与马略发生冲突，相互仇杀，争得兵权后率兵东征。前86年在希腊击败本都军队，迫使米特拉达梯六世议和。前83年率军4万人返回意大利，次年彻底肃清马略派，进占罗马城，颁布“公敌宣言”，残杀政敌，并自任终身独裁官。同时恢复元老院的特权地位，限制公民大会及保民官等行政长官的权力。前79年隐退，次年病死。其军事独裁统治沉重打击了古罗马共和制。当政期间多次对古罗马宪法进行改革，性格既勇敢又狡猾，被人形容为“半狐半狮”。——译注

2 **庞培(前106—前48)，古罗马统帅，政治家。贵族出身。前70翌年当选执政官。前60年，与克**拉苏和恺撒结为“前三头同盟”，左右罗马政局。前53年克拉苏死，同盟趋于解体。前50年与元老院联合反对恺撒。前49年1月恺撒进军罗马，他率军退守希腊。庞培被恺撒穷追不舍，向埃及托勒密求援。托勒密亲自到海岸欢迎他，但是埃及国王和他的朝臣们早已决定不冒触怒胜利者恺撒的风险。当庞培举足踏上陆地的时候，就遭到背信弃义者的突然袭击，遇害身亡。埃及人割下他的头颅，焚化了他的尸体。——译注

3 **恺撒(前102年—前44)，罗马共和国末期杰出的军事统帅、政治家。恺撒出身贵族，是罗马帝**国的奠基者，历任财务官、祭司长、大法官、执政官、监察官、独裁官等职。前60年与庞培、克拉苏秘密结成前三头同盟，随后出任高卢总督，花了八年时间征服了高卢全境(大约是现在的法国)，还袭击了日耳曼和不列颠。西元前49年，他率军占领罗马，打败庞培，集大权于一身，实行独裁统治。制定了《儒略历》。前44年，恺撒遭以布鲁图为领导的元老院成员暗杀身亡。被一些历史学家视为罗马帝国的无冕之皇，有恺撒大帝之称。甚至有历史学家将其视为罗马帝国的第一位皇帝，以其就任终身独裁官的日子为罗马帝国的诞生日。影响所及，有罗马君主以其名字“恺撒”作为皇帝称号；其后之德意志帝国及俄罗斯帝君主主亦以“恺撒”作为皇帝称号。——译注

4 **卡提里纳(前108—前62)是罗马贵族。公元前63年，他竞选执政官失败。不久后发动政变，被**以执政官西塞罗为首的共和派的镇压。——译注

马城内的问题，最多也只是意大利某几个省区的问题。但是，只是由于有种种幸运的机缘巧合，那次阴谋才被阻止；而人类的审慎要求我们不应当指望期待的幸运。

元老院正好与此相反，满足于把它的全部权力交给执政官；西塞罗也因为这一点开始提高做事效率，在这个根本要点上，他逾越了这种权限[1]。开始的时候，人民很高兴，支持了他的行为。后来，人们又开始反对他，因为他违反法律造成了公民流血事件[2]，这种违反也是合理的。但是，对于一个独裁者来说就不能对他进行这种谴责了；然而，大家被这位执政官的辩才迷惑了。他虽然是罗马人，但与爱自己的祖国相比，他更爱自己的光荣；他经常说，自己所追求的就是保卫国家的最合法而又最妥当的办法，但实际上，他真正的追求是要使自己享有这一事件的全部荣誉的办法[3]。所以，他在人民的心目中，被当作罗马的解放者而受到尊敬；但同时，他也被当作法律的破坏者而受到惩罚，这也是很公正的。对他的判决最后撤销了，在当时还引起了轰动，但无论如何，这只是一种恩赐。

另外，无论以什么方式把这一重要的使命委托于人，最重要的一点就是必须把它固定在一个很短的任期之内，并且这一任期绝对不能延长。在需要建立独裁制的危急关头，国家很快就会有两种结果：毁灭或保全。当这种危险过去之后，独裁制要么变成暴君制，要么就是变得有名无实。罗马共和国的独裁者任期只能是六个月，在期满之前，他们中的大部分就让位了。假如任期能规定得再长一些，他们或

1　在当时的罗马，未经审判就宣告一个公民有罪是非法的。但是，在询问过元老院之后，西塞罗不允许卡提里纳事件的同谋者向人民上诉，并立即对他们执行了死刑。——译注

2　即前文中提到的镇压卡提里纳谋叛事件。——译注

3　这就是在提名一个独裁者时自己无法保证的，因为他既不能在众人面前提出自己任独裁官，也不能肯定他的同僚会不会提他的名。——原注

许会像十人会议对于任期一年所做过的那样，企图再加以延长任期。独裁者没有时间梦想其他的计划，而只有时间来应付使他被选为独裁者的那种紧急情况。

第07章 论监察官制

公共判断的宣告就是由监察官制来体现的，就像公意的宣告是由法律来体现的一样。假如说公共的意见是一种法律[1]的话，那么这种法律的执行者就是监察官。舆论就是一种法律，监察官就是舆论的执行者，和君主一样，他也只能是把舆论应用于个别的情况。

所以，监察官的法庭仅仅是人民意见的宣告者，而不是人民意见的仲裁者。假如它的判决偏离了人民的意见，那它的决定就失去了意义。

要区分一个民族的民风和他们所尊敬的对象是毫无意义的，这二者必然地会混在一起，因为它们都依据同一个原则。决定所有的民族爱憎取舍的是意见，而不是天性。如果一个民族的舆论等得到纠正，那他们的民风自然也就会慢慢地纯正起来。人们总是喜欢美的事物或他们认为是美的事物，然而，人们正是在这种判断上会犯错误；所以对这种判断，我们就需要加以规范。评判荣誉的人就是在评判民风，从公共意见里，评判荣誉的人得出自己的准则。

一个民族的各种意见是从它的体制里诞生出来的。立法使民风得以诞生，但法律并不能规范民风。民风在立法工作薄弱的时候退

1 “法律”和“意见”的区别在于前者是成文的，后者是不成文的。——译注

化，而此时监察官的判断，也并不能做出法律的力量所不曾做出过的事情。

因此，对于保持民风来说，监察官制也许是有用的。但是，对于重建民风，却是一点用处都没有。在法律力量旺盛的时候，你可以趁机设置监察官制度；一旦法律不再有力量，一切合法的东西也都不会再有力量。

监察官制就是以这样的方式来保持民风的：以贤明的措施来保持公共意见的正确性，防范公共意见的腐化，有时候，甚至在它们尚未确定的时候，就把它们固定下来。决斗的时候，带副手的习惯在法兰西王国中曾经盛极一时；但是，国王一纸诏书里的区区几个字，就废除了这一习惯。诏书里出现了这样的字："那些人很怯懦，所以才需要找个副手。"这一判断是在公共的判断形成以前做出的，所以立刻就决定了公共的判断。可是当同样的诏书想要宣布举行决斗也是一种怯懦的行为时，这本来也没有错，但舆论的看法却正好与此相反，甚至会对这种决定加以嘲笑，因为公共的判断对这件事早就经形成了。

我曾经说过，公共意见是不受强制力的约束的，因此，在为代表公共意见而设置的法庭里不需要有丝毫强制力的痕迹。罗马人运用这种能力已经达到了出神入化的地步，而拉西第蒙人[1]比他们运用的还要高明，对于他们的这种能力，我们无论怎样称赞都不会过分。可惜的是，近代人已经丧失了这种能力。

在斯巴达议会上，有一个道德败坏的人曾提出了一条好建议，却被监察委员们弃之一旁。他们找到另一个有德行的公民，让他提出同样的建议。可想而知，虽然没有褒奖或指责他们两个中的任何一个

1 拉西第蒙位于希腊半岛南部，也是斯巴达城所在地，所以拉西第蒙人指的就是斯巴达人。——译注

人，但这种做法给了后者极高的荣誉，而对前者来说，却又是极大的侮辱。有几个萨摩岛[1]人，醉酒之后弄脏了监察委员的席位[2]。第二天就有了明令，里面规定萨摩人可以犯粗，这样一种惩罚比真正的惩罚还要严厉！什么是正直？什么又是不正直？当斯巴达宣布了这个问题的标准时，全希腊却没有学习他们的这一标准。

1　萨摩岛位于爱琴海中。——译注

2　就是弄脏了监察官的法庭。——译注

第08章　论宗教

最早的时候，人类没有国王，他们只相信神。所以，除了神权政体之外，就没有别的政府。在当时，他们的想法是对的，他们所做的就是卡里古拉的想法（见本书第1卷，第2章）。要想让人们决定以自己的同类作为自己的主人，必须经过一个长时期的感情上与思想上的变化才行，并且还要标榜这样做是有益的。

每一个政治社会都有自己的信仰，都奉有一个神，因此可以这样说，有多少民族就有多少神。两支交战的军队，是不会服从同一个首领的；两个彼此不同而且差不多总是在敌对着的民族，是不可能长期拥戴同一个主人的。因此民族的区分就造成了多神的局面，并且由此就产生了神学上的不宽容以及政治上的不宽容。我们下面就谈谈这"两种不宽容"，它们其实是同一性质的。

希腊人曾异想天开地到野蛮民族中去寻找他们自己的神，他们有这种荒唐的想法，是因为他们把自己看成是这些野蛮民族的自然的主人。可是，我们今天竟然还把各个不同民族的神混为一谈，那就太可笑了：就好像腓尼基人[1]的巴尔、希腊人的宙斯和拉丁人的周

1　腓尼基人是历史上一个古老的民族，自称为闪美特人，又称闪族人。生活在今天地中海东岸相当于今天的黎巴嫩和叙利亚沿海一带，他们曾经建立过一个高度文明的古代国家。公元前10世纪至公元前8世纪是腓尼基城邦的繁荣时期。腓尼基人是古代世界最著名的航海家和商人，他们驾驶着狭长的船只踏遍地中海的每一个角落，地中海沿岸的每个港口都能见到腓尼基商人的踪影。——译注

彼得[1]可以是同一个神，就好像莫洛克、萨土林、克罗诺[2]可以是同一个神，就好像这些有着不同名字的虚幻神明，至今还可以有着某种共同的特点一样！

如果有人问：在异教时代[3]，每个国家都有它自己的宗教和它自己的神，那为什么没发生过宗教战争呢？正是因为每个国家都有它自己独特的宗教崇拜以及它自己的政府，所以这些国家对自己神与法律根本就不加以区分。政治的战争也就是为神而战，在每个民族里，每个神的领域都被固定了下来。对于其他的民族来说，一个民族的神没有任何权利。异教徒的神彼此间互相划分了整个世界，绝不是嫉妒的神；在谈到以色列神的时候，就连摩西以及希伯来人有时也是采取这种观念的。当然，在他们看来，迦南[4]人是应该被流放的、注定是要毁灭的，迦南人的神也是形同虚设的，所以他们应该占据迦南人的那块土地。但是，让我们来看看，他们是如何谈论抵御了他们进攻的相邻民族。耶弗他[5]向亚扪人说[6]："你们的神基抹[7]所拥有的东西不是也合法地属于你们吗？我们的神征服而获得的土地，我们也同样有资格占有。"我认为这里正好承认了基抹的权利，还体现了以色列的上帝权利是平等的。

虽然犹太人相继臣服于巴比伦王国和叙利亚王国，但他们仍然坚

1　巴尔为古腓尼基人的最高神；宙斯为古希腊人的最高神；周彼得为古罗马人的最高神。——译注

2　莫洛克(**Moloch**)为古腓尼基人的火神；萨土林为古罗马人的农神；克罗诺为古希腊人的岁时神。——译注

3　异教时代指的是基督教未出现之前的时代。——译注

4　今以色列、巴勒斯坦一带。——译注

5　耶弗他：据圣经《旧约·士师纪》记载，他是以色列的勇士，曾带领以色列人进攻亚扪人。——译注

6　亚扪人是古代闪米特人之一支，居住在约旦河以东，他们的主要城市巴勒斯坦境内的拉巴亚扪，西元前13世纪，他们开始在摩押以北建立王国。同摩押人一样，亚扪人的始祖是以色列先祖亚伯拉罕的侄子罗得。他们与以色列人时战时和。——译注

7　基抹是摩押人崇拜的太阳神。——译注

持除了自己的神之外，决不承认任何其他的神。所以，他们的这种抗拒，就被征服他们的王国看做是一种反叛，他们也为此受到了种种迫害。我们在历史上知道了这些事情，而且在基督教之前，还没有见过其他任何先例。

一种宗教完全取决于规范着这种宗教的国家法律，所以，没有什么传教士可以使一个民族向自己的民族归顺，除了征服他们，什么办法也没有。而且征服者的法律就是改变宗教崇拜，所以应当先从征服入手，再谈改变宗教崇拜。正如荷马在书中说的，人类根本不是在为神而战，反而是神在为人而战；每一方都要给神建造新的祭坛，都向自己的神祈求胜利。罗马帝国在攻占某地之前，先下令让这里的神退位。罗马帝国在征服塔伦特姆[1]之后，把自己民族恼怒的神留了下来，他们认为，塔伦特姆人的神已经屈服于他们的神，并且不得不向他们的神俯首称臣。罗马人不仅把自己的法律留给被征服者，还把自己的神也留给被征服者。罗马人所索取的唯一贡品一般就是向罗马加比多尔[2]神殿的周彼得奉献一顶冠冕。

随着罗马帝国的不断强大，他们的宗教崇拜和他们的神也在不断地扩大影响力；与此同时，罗马人还常常采用被征服者的宗教崇拜和神，并对臣服于自己的各国以城邦的权利。后来，这个庞大的帝国有了许多个民族，他们发现，在不知不觉中，自己已经有了大量的神和宗教崇拜，而且每一处的情形都差不多。所以，异教在当时终于成为独一无二的宗教。

在这种局势下，耶稣出来了，他在世间建立了一个精神的王国。

1 塔伦特姆是意大利古代的城市名，位于意大利的南部。公元前8世纪到公元前3世纪的时候很强大，但是，它公元前272年被罗马征服。——译注

2 加比多尔是罗马的一座小山，山上建有周彼得神殿。——译注

这导致了神学的体系和政治的体系被严格地区分开来，进而使国家不再是一体的了，并且造成了各个民族的内部分裂，这种分裂一直不停地激荡着基督教。但是，异教徒永远不能接受其他王国的那种新观念，所以就总是把基督徒看作是真正的反叛者。他们认为，这些反叛者伪装成恭顺的样子，一直在窥伺着时机，想要狡猾地篡夺在自己力量软弱时所尊敬别人的那种权威，想要找到自己独立做主人的机会。基督教受迫害的根源也就是这个。

异教徒担心的事情终于发生了[1]。这时的一切就都变了一副样子，谦卑的基督徒改变了他们的语言；很快我们就会发现，所谓另一个世界的王国在一个有形的首领（教皇）之下，竟然变成了这个世界上最狂暴的专制主义。

但是，君主以及公民的法律永远都只能有一个，结果这两种权力（基督教国家中政权与教权）就不断地在法理上冲突。在这种冲突下，在基督教的国家里，就不可能有任何良好的政体；而且在主人与神父之间，人们永远也不知道究竟应当服从哪一个。

有许多民族甚至包括欧洲或欧洲邻近的民族都曾想过要保存或者重建古代的体系[2]，但是都失败了。基督教精神在许多地方都获得了胜利。对宗教中神的崇拜与国家共同体没有必要的联系，一直是、或者是重新变得独立于掌权者之外。穆罕默德具有很健全的眼光，他的那些继承者哈里发[3]，依然采用他的政府形式，把国家治理得很好，这个政府是一元的，他把这种政治体系联系得很好。但是，阿拉伯人后来变得昌

1　他们担心的是基督教最终会取代他们。——译注

2　古代的体系：指的是在异教徒时代，国家政教合一的制度。——译注

3　哈里发是伊斯兰教职称谓。中国穆斯林俗称“海里凡”。原意为“代理人”或“继位人”。《古兰经》中有“我必定在大地上设置一个代理人”的经文。穆罕默德及其以前的众先知即被认为是安拉在大地上的代理人、代治者。后该词被用于指称穆罕默德逝世后继任伊斯兰教国家政教合一领袖的人，伊斯兰教初期执政的四大哈里发即属此范围。其后又为伍麦叶、阿拔斯等王朝的统治者所袭用。——译注

盛了，开化了，文明了，柔靡而又怯懦了，终于导致被野蛮人征服。两种权力这时又重新开始分裂了。比起基督徒来，这种分裂在回教徒那里并不那么显著，但仍然是存在着的。在阿里[1]的教派里这种分裂最为明显，在有些国家至今还可以看到这种分裂的影响，波斯就是这样。

英国国王和沙皇相继自立为教会的首领，但他们采用这个头衔，确切地说是教会的大臣，而不是教会的主人；他们所获得是维持教会的权力，而不是改变教会的权利；他们在教会里只不过是君主，而并不是立法者。不论在哪里，只要一些宗教人士聚在了一起，那么在这个地方，他们就是主人和立法者。所以，和在其他地方一样，在英国、俄罗斯就有着两种权力、两个掌权者了。

哲学家霍布斯是在所有的基督教作家之中唯一一个能很好地看出这种弊病，并提出了补救方法的人，他曾很大胆地提出：把鹰的两个头[2]重新结合在一起，使政治完全统一起来；因为如果没有政治的统一，无论是国家还是政府，就永远不会很好地组织起来。但是，他可能也明白，牧师的利益永远要比国家的利益强，基督教的统治精神是和他的体系不能相容的。霍布斯之所以为人憎恶，在于其中的正确的与真实的东西，并不在于他的政治理论中的可怕的和错误的东西。

我相信，如果从这一角度来阐述历史，那么贝尔[3]与华伯登（见本书第2卷，第7章注）两人相对立的观点，我们就能很容易地反驳了。他们中的一个认为基督教乃是政治体的最牢固的支柱，另一个则主张任何宗教对于政治体都是毫无用处的。我们可以向前者证明，基督教的法律归根结底乃是有害而不是有利于国家的坚强的体制的；也

1　阿里(600—661）是第四代哈里发，他也是穆罕默德的女婿。——译注

2　鹰是古罗马政权的象征，“鹰的两个头”指的是政权与教权。——译注

3　贝尔(1647—1706），法国作家、哲学家，著有《历史与批评大辞典》一书。——译注

可以向后者证明，从没有一个国家是不以宗教为基础便能建立起来的。为了使人能够更容易理解，我在这里把有关宗教的几个比较含混的概念再明确一下。

宗教就其与社会关系而言，无论是一般的关系，还是特殊的关系[1]，都可以分为两种——公民的宗教与人类的宗教。前一种宗教有自己的教条、自己的教义、自己法定的崇拜表现。它是写在某一个国家的典册之内的，它规定了这个国家自己的神以及这个国家特有的守护者。以它这种宗教观点而言，其余一切国家在它看来全都是不敬神的、化外的、野蛮的。它也传播人类的权利和义务，但范围仅仅限于本国之内。我们可以把这种宗教称作公民的或积极的神圣权利，原始民族的宗教一般就是这样。后一种宗教只限于对至高无上的上帝发自纯粹内心的崇拜，以及对于道德的永恒义务，没有庙宇、没有祭坛、没有仪式；它是真正的有神论，是纯粹而又朴素的福音书[2]宗教，我们可以称它为自然的神圣权利（与自然的人类权利相对而言）。

还有颇为奇特的第三种宗教，它给人提供两套立法、两个首领、两个祖国[3]，人们在服从于两种互相矛盾的义务的同时，却无法做到既是信徒又是公民。我们可以称它为牧师[4]的宗教。罗马基督教、喇嘛教[5]、

1　这里“特殊的”则指政治社会(即国家)，上一句中的“一般的”指人类社会；与政治社会相对应的是公民宗教(即政治宗教)，与人类社会相对应的是人类宗教。——译注

2　“福音书”是“好消息”的意思。四福音就是四卷记载关于救主耶稣降生这好消息的书，是新约圣经的前四卷书，作者分别是马太、马可、路加和约翰。——译注

3　“两个祖国”指在一个国家中，同时有国家和教会两种组织。——译注

4　牧师是在一般基督新教的教会中专职负责带领及照顾其他基督徒的人，圣经原文的用字就是牧羊人之意。——译注

5　藏传佛教，或称藏语系佛教，又称为喇嘛教，是指传入西藏的佛教分支藏传佛教，与汉传佛教、南传佛教并称佛教三大体系。藏传佛教是以大乘佛教为主，其下又可分成密教与显教传承。藏传佛教常被人以为是一种具神秘及原始民族色彩的宗教，一般人把它称为“密宗”或“喇嘛教”，这些称呼和藏传佛教的内涵有些许的不同。藏传佛教是佛教各宗派中的一部份。藏传佛教主要分为四大主流派别，分别为：格鲁派、萨迦派、宁玛派及噶举派。在中文中，这四主流派别因其服饰及建筑物之特色而常被称为“黄派”、“花派”、“红派”及“白派”。——译注

日本人的宗教都是这样。从这种宗教里，产生出一种说不上来的、混合的、反社会的权利。

从政治上来说，这三种宗教各有其缺点。但是，第三种宗教的缺点很大，在这里就不浪费时间对其加以证明了。凡是使人们自身陷于自相矛盾的制度都是毫无价值的，凡是破坏社会统一的制度也都是毫无价值的。

第一种宗教[1]的好处，就在于它把对神明的崇拜，和对法律的热爱结合在一起。它能使祖国成为公民崇拜的对象，这也从间接上告诉我们：对国家效忠就等于对国家的守护神效忠，这是一种神权政体。除了君主之外，人们决不能有任何别的教主；除了行政官之外，也决不能有任何别的牧师。于是违犯法律也就是亵渎神明，为国家效死也就是慷慨殉道。如果一个人犯了罪，就要接受公众的诅咒，也就是把自己供献给了神的震怒：让他去受诅咒吧！

但是，第一种宗教的坏处就在于它是建立在谬误与谎话的基础之上，因而它对神明的真正崇拜只是一种空洞的仪式，它欺骗人民，使人民盲从、迷信。更有甚者，当它发展成为专横的暴君制时，它会使全民族成为绝不宽容的和嗜血的，这个时候的它还想活下去的话，只有靠谋害和屠杀。它相信，杀死一个不信奉自己的宗教的人是做了一件神圣的事。对其他的一切民族来说，这样一个民族都处于一种天然的战争状态；对它自身的安全来说，也是非常不利的。

于是剩下来的就只有人类的宗教[2]和基督教了，这里的基督教是福音书的基督教，而不是今天的基督教，两者是截然不同的。作为同

---

1 “第一种宗教”指古代异教城邦的民族宗教。——译注

2 “人类的宗教”是与各国家、各民族的特殊的或具体的宗教相对而言的，也就是一般的或普遍的宗教。——译注

一个上帝的儿女的人类，在这种神圣的、崇高的、真正的宗教之下，也就结合在一起，成了兄弟姐妹，这样的社会无论在什么时候也是不会解体的。

但是，这种宗教只能让法律去依靠其自身所具有的力量，而不能再给它增加任何别的力量，因为它与政治体没有任何特殊的关系。所以，特殊社会的最重大的联系之一[1]就毫无用处了。不仅如此，就像他们脱离世间的一切，它还使公民脱离国家，而不能使公民全心全意依附于国家。可以说，没有什么是比这更违反社会精神的了。

有人也许会这样说，一个真正的基督徒民族，将会构成一个可能想象的最完美的社会。对这种假设，我发现了一个很难做到的地方，那就是一个真正的基督徒社会将不会再是一个人类的社会。

我甚至认为，这种具有其全部的完美性的假想的社会绝不会是最持久的，也不会是最强有力的。它的完美导致自己缺乏人与人之间的共同利益，在它那完美性的本身之中，存在着毁灭性的缺陷。

在这样的社会中，人人都会尽自己的责任。首领是公正的、有节制的；行政官是正直的、廉洁的；人民是守法的，士兵是不怕死的。这里没有浮华虚夸和骄奢淫逸，这里的一切都是完美的。不过，我们再进一步看看再下结论吧。

基督教是一种精神至上的宗教，信仰基督教的国家是不属于这个世界的，因为基督教一心只关怀天上的事物。当然了，基督徒也在尽自己的责任，但是，他尽自己的责任是以一种深沉的、决不计较自己

1　“特殊社会”是与普遍的人类社会相对而言；“特殊社会的最重大的联系之一”指的是宗教。——译注

的成败得失的心情。世上的一切，无论是好是坏，对他来说都是无关紧要的，只要他自己问心无愧。在国家衰落的时候，他就祈祷上帝，对自己的人民开恩；就算是国家繁荣昌盛，他也几乎不敢分享公共的幸福，他怕自己会因国家的光荣而沾沾自喜。

所有的公民必须毫无例外地都是同样善良的基督徒，这样才能使社会得以保持太平与和谐。但如果发生了不幸的事，出现了一个野心家或一个伪善者，那这位野心家或伪善者，在他那些虔诚的同胞中间，一定是畅通无阻的，例如，卡提里纳（见本书第4卷，第6章注）和克伦威尔（见本书第4卷，第1章注）。一般情况下，基督教的仁爱不允许人想自己的邻人的坏处。所以，当这个野心家或伪善者凭着自己的智慧，发现了足以欺骗世人，并攫取一部分公共权威的手段之后，那他就成了权力的化身，上帝也要求人们尊敬他。当他真正地拥有权力的时候，上帝就要求人民服从他。如果这位权力的受任者滥用其权力就等于上帝在用鞭子惩罚自己的儿女，人们才有了这样的想法：驱逐篡夺者。但这么做就要使用暴力，就要扰乱公共的安宁，就要流血……这一切都违背了基督徒的仁慈。总的说来，在这种苦难的深渊里，我们究竟是自由的还是被奴役的又有什么关系呢？最重要的问题是能否进入天堂，而逆来顺受只不过是进入天堂的另一种方法。

如果爆发了对外战争呢？公民们会义无反顾地出发作战，他们绝对没有人想到逃跑这个词，他们对于胜利没有热情，只是在尽自己的责任，他们可以为了国家去死，而不关心是否战胜了敌人。他们究竟是取胜还是失败又有什么关系呢？他们应该怎样做，上帝不是比他们自己更清楚吗？大家一定会想得到，一个骄横、狂妄、意气激昂的敌人一定会从他们这种斯多葛主义[1]里得到极大的好处。如果让他们与那些对光荣和祖国充满着热爱的豪侠慷慨的民族对垒，如果让他们这种基督教民族与斯巴达或者罗马对垒，那么，估计这些虔诚的基督徒还没来得及反应就会被打得落花流水、一败涂地了；如果他们的敌人过于藐视他们，连杀他们都嫌灭了自己的威风，那他们或许可以保全下来。我认为法比乌斯[2]手下兵士们的誓言，就是一个很好的誓言。他们宣誓要以胜利者的资格凯旋，而并不宣誓要效死或者要战胜，他们信守了自己的誓言，而且也只是这样。基督徒会以为这是在试探上帝了，所以他们是从来不做这样的事。

我突然发现，自己犯了一个错误，我不应该称其为“基督教的共和国”，因为“基督教”和“共和国”这两个名词是相互排斥的。基督教宣扬奴役与服从的精神对暴君的统治极为有利，这一点经常被暴君制国家利用，用来统治人民。真正的基督徒，一出生就注定是奴隶。他们也许知道自己的命运，但却并没有反抗，在他们眼中，这短暂的一生一点价值都没有。

有人说，基督徒的军队是很优秀的。我不同意这个观点，我根本就不知道有什么基督徒的军队。如果有人反驳我，就请拿出相关的事

1　斯多葛主义是古希腊的四大哲学学派之一，也是古希腊流行时间最长的哲学学派之一。(古希腊另外三个著名学派是柏拉图的学园派，亚里斯多德的逍遥学派和伊壁鸠鲁学派。）从公元前3世纪塞浦路斯的芝诺创立该学派算起，斯多葛主义一直流行到公元2世纪的罗马时期，前后绵延500年之久。它的内容是：构成世界的基本物质是火，火只是一种被动的本原，上帝才是原始的火，是万物的最初源泉，有世界大火和世界轮回说；人的美德就是“顺应自然”或“顺应理性”。德行是唯一的善；在政治思想上，斯多葛派依据“宇宙精神”原则，形成一个最高权力之下的世界国家的观念。根据斯多葛主义的见解，哲学由逻辑学、物理学和伦理学三部分构成。——译注

2　法比乌斯(约前275—前203），罗马政治家，大将，曾五次任执政官，公元前217年，任罗马独裁官，他也是布匿战争中的罗马大将。——译注

实来。有人会说：十字军[1]。不错，十字军的确很勇敢，这是众所周知的。但是，十字军是牧师的兵士，是教会的公民，而不是基督徒。他们是在为教会的精神国家而战，但是教会也不知通过什么手段，把这个精神国家弄成世俗的了。问题谈到这里，又回到异教主义上来了。因为福音书从来不是哪一个民族的宗教，所以基督徒之间的任何神圣的战争（宗教战争）都是站不住脚的。

所有基督徒的作家都肯定这一点，对此我也坚信不疑，那就是在异教皇帝[2]麾下的基督徒兵士是勇敢的，因为对异教军队来说，这是一场荣誉的竞争。但是，这种竞争在皇帝成为基督之后就不复存在了，这就和罗马一样，罗马帝国在鹰旗[3]被十字架驱逐了之后，也失去了自己的尚武精神。

不过，我们现在回到权利问题上来，先撇开政治的问题。在这个重要的问题上，我们确定自己的原则。正如我已经说过的（见本书第2卷，第4章），社会公约所赋予掌权者统治臣民的权利决不能超出公共利益的界限之外。因此，在臣民们的意见之中，应该遵从于掌权者的也就仅仅是以那些与集体有重要关系的意见为限。但宗教可以使每个公民热爱自己的责任，他们都应该有一个宗教。对国家来说，这件事是至关重要的。但唯有当这种宗教的教条涉及到道德与责任（而这

---

1 **数个世纪以来，对于欧洲的基督徒来说前往圣地朝拜是一项最为普遍的活动。虽然重要的宗教**中心都在欧洲，但许多重要圣地却在巴勒斯坦。塞尔柱土耳其人的兴起，让前往耶路撒冷和其他中东地区的旅行危险性骤增。土耳其人对非穆斯林没什么好感，并且结束了阿拉伯人与基督徒之间的关系。同时，土耳其人在小亚细亚占领有价值的土地，给予拜占庭极大的压力。1095年，为了回应来自拜占庭皇帝请求协助的要求，教皇乌朋号召基督教士兵，让他们组成十字军，企图从穆斯林手中重新夺回巴勒斯坦。征募十字军一事激起欧洲骑士的热烈回应，一方面是出于本身激烈的信仰，一方面教皇也保证只要为圣战而死均可得到上天国的回报。——译注

2 **“异教皇帝”指罗马皇帝君士坦丁大帝(272—337）。在他之前，所有的罗马皇帝都是异教**徒，他是第一个接受基督教的罗马皇帝。他曾在313年颁布米兰诏书，承认基督教是合法且自由的宗教。并于330年将罗马帝国的首都从罗马迁到拜占庭，将该地改名为君士坦丁堡。此外，他的一系列改革措施，为欧洲从奴隶社会向封建社会的过度起到了重要作用，他被称为西方的“千古一帝”。——译注

3 **鹰旗是罗马的军旗，十字架是基督教的标志；“鹰旗被十字架驱逐了”指基督教取代异教成为**罗马国教。——译注

种道德与责任，又是宣扬这种宗教的人也须对别人履行的）的时候，才与国家及其成员有关。此外，掌权者不能过问，每个人都可以有他自己所喜欢的意见。因为，对于另一个世界，掌权者是根本无能为力的，所以掌权者只要让臣民们今生保持是个好公民就行了。至于他们来世的命运怎么样，掌权者一点也不会放在心上。

因此，掌权者就应该规定一篇纯属公民信仰的宣言，宣言由一些条款组成。这些条款只是作为社会性的感情，而并非严格地作为宗教的教条。但如果没有这些条款的话，那一个人不可能成为良好的公民，也不可能是忠实的臣民。它不能强迫任何人，来信仰它们；但对于任何不信仰它们的人，它可以把他驱逐出境。它能这么做，是因为他们不可能真诚地爱法律、爱正义，因为他们不可能在必要时为尽自己的义务而牺牲自己的生命，他们是不符合社会的；而并不是因为他们不敬神。如果这些教条已经被大家公开承认了，而一个人的行为却和这些教条的规定完全相反，那他就犯了最大的罪行，因为他在法律的面前说了谎，应该把他处以死刑。

公民宗教的教条条款要少，词句应该精确而简单，无需解说和注释。正面的教条包括：圣明的、智慧的、慈悲的、先知而又全能的神明的存在，正直者的幸福，对坏人的惩罚，未来的生活，社会契约与法律的神圣性（见本书第1卷，第7章）。至于反面的教条我们最后只归结为一条：不宽容。它是我们已经排斥过的宗教崇拜。

我认为，严格区分政治的不宽容和神学的不宽容的人[1]是错误的，因为这两种不宽容是分不开的。有些人死后要进地狱的，难道我们和他们可以和平共存吗？爱这些人就等于仇视上帝，因为上帝要

1　这里指的是狄德罗(1713—1784)，狄德罗在《百科全书—不宽容条》指出，必须区别教会的不宽容与公民的不宽容。——译注

惩罚这些人。一定要让他们迷途知返，或者惩罚他们。不管在什么情况下，只要是出现神学上的不宽容的地方，都一定会产生某种政治后果。而这种后果一旦产生，即使在世俗方面，掌权者也就不再是掌权者了；从此国王则就变成了牧师的官吏，而牧师就成了真正的主人。

排他性的国家宗教现在已经没有了，而且也不可能再有。因此，凡是能够宽容其他宗教的宗教，只要他们的教条不违反公民的义务，我们就应该对其保持宽容。但是，如果有人竟敢说："没有教会就不能得救。" 那么，除非国家就是教会，君主就是教主，不然就该把这个人驱逐出国家。只有在神权政府之下，这样的一种教条才是好的；而在其他一切政府之下，它就是有害而无益。据说，亨利四世[1]在接受罗马教时，阐述了自己的理由：每个人，而尤其是每一个善于思想的君主，都应该使一切正直的人都脱离罗马教。

1 亨利第四(1589—1610）是法国国王，十六世纪下半叶，法国发生宗教战争，他支持旧教。——译注

第09章 结语

我们已经提出了政治权利的真正原理，而且正试图努力把国家奠定在它的基础之上。接下来该怎么办呢？我们要通过它的对外关系来支持它。这些对外关系包括：国际法（贸易法）、战争的权利与征服、同盟、通商、谈判、公法、条约……但是，对我这篇简短的论文来说，这些内容太多太复杂，所以，这篇论文就到此为止吧。

附录一：

论普遍的人类社会（即《日内瓦手稿》第二章）

让我们先来探讨一下，政治制度的必要性是从何而来的。

人的力量和他们的自然需要及其原始状态形成了这样的比例，以致这种需要的增长和这种状态的变化不管幅度多么的小，个人都需要有他人的帮助。然而，当它的欲望达到无法忍受的时候，它就要吞并整个自然界。这个时候，就算整个人类合在一起，也满足不了它们的贪欲。正是这个原因，才使得人类不断地作恶，不断有作恶的想法腐蚀着我们，使我们转化为奴隶。由于我们人类的天性使然，我们的感情很脆弱，我们的贪婪始终占据上风；这种贪婪一直在我们的思想里存在，并一直折磨着我们，有些人很快就会栽在它手里，成为我们同类的敌人，对于这些人，我们是无法防范的。这就是普遍社会的最初纽带；这就是人所熟知的必需性，仿佛淹没了我们的感情，同时每个人都想不通过劳动就获得劳动成果。它对于人们同样地既是争执的而又是结合的主题，它总是在人们中间既播下了竞争和嫉妒，也同样播下了明智与和谐；所以，就大自然的同一性来说，它的作用等于零。

从事物的这种新秩序之中，便产生了大量没有规则的、变化无常的、无法估计的关系，它们一直不断地被人们改变着；假如有人想把这些关系固定起来，那么，就有无数个人想要推翻这种固定。一个人的相对生存，在自然状态之中有赖于千百种不断在变动着的其他关系；所以，他的一生之中，也就绝不会出现两个同样的场景。对他来说，和平与幸福只不过是一闪而已；这类变幻浮沉给他带来了苦难，除此之外，就再也没有带来什么可永久长存的。当他的情操和思想，能够上升到热爱秩序和热爱崇高的道德观念时，那他在一种使得自己善恶不分、好坏莫辨的事物状态中，就绝不可能确切地运用自己的原则。

由于我们的互相需要，所以像这种可能产生出来的普遍社会绝不会对沦于苦难的人们提供一种有效的援助；或者至少可以这么说，它对于广大的被冷落、受窒息、受压榨的弱者来说，他们的脆弱得不到任何支持，甚至找不到一个容身之所，只对那些已经拥有过多力量的人，才会赋予新的力量。而那些弱者们，也曾梦想过自己可以摆脱低层，梦想着成为上层人士，但是，他们最终成为他们梦想的那种人的牺牲品。

所以，一些我们愿意听到的话，对于我们来说，就不再是一个正确的引导；而且，我们因为它而得到那种独立状态，也就并不是一种可以想象的状态了。和平与清白在我们能够品尝到它们的滋味之前，就已经永远错过去了。对于人类来说，原始时代愚昧的人们所感觉不到的、后代已经开化了的人们所错过了的那种黄金时代的幸福生活，将永远不会再被人民所熟悉。还可能有另外的情况出现：当有可能享受它的时候，却不知道它是什么；或者，当有可能认识它，但却丧失了它。

除此之外，这种毫无规律可言、完全独立的自由，就算是一直与古代的清白结合在一起，这也终究是件坏事，并且会损害我们最优秀的才能，使其不能进步；那是因为，它缺少那种构成为整体的各个部分之间的联系。世界上四处都是人的踪迹，但是，他们之间却几乎没有任何交通。在某些地方，他们可以互相接触，但却没有任何可以把他们结合起来的东西；每个人都只想着自己，当和大部分人在一起的时候，每个个人始终都是孤独的。我们毫无感觉地活着，我们未曾生活就死去；我们的理解力不能得到发展；我们的内心里既没有善良，我们的行为中也没有道德；我们全部的幸福只在于并不认识自己的苦难；我们灵魂最美妙的情操——对德行的热爱，我们永远也体会不到。

靠着理性，我们自身利益的观点在独立状态中，就会引导着我们汇合成为公共的福利。但是，这个观点并不正确。在事物的自然秩序之中，个人利益并不是和普遍的福利结合在一起的，恰恰相反，它们是互相对立的。对每个人来说，社会法则都是一种羁绊，每个人都不想把它加之于自己，但又希望别受到它的约束。社会上，一些自以为聪明的人说：“在人类中间，我觉得自己一直在担惊受怕。在这种情形之下，我最爱我自己，我无法选择，要么我自己不幸，要么我就使别人不幸。”不仅如此，他对此也许还会这样说：“没有什么办法可以使我自己的利益和别人的利益不存在矛盾。这么多的人都说，社会法则是多么多么的好，但是我并不相信，如果我对别人严格遵守这些法则，别人却不对我遵守，那我岂不是无法在社会上立足。再说了，在我遵守社会法则的时候，你能向我保证别人也能遵守社会法则吗？只准我被强者欺负和压迫，却不准我对比我还弱的人欺负和压迫，这是多么悲凉的境况啊！假如不能向我做出保证，决不会发生任何不公正的事情；那么，我就不会遵守这些社会法则。也许，你会这样对我说：你现在已经放弃了自然法则，同时你的自然权利也就消失了；现在你已经融入社会了，就有加入社会的义务，如果谁都和你一样这么想，那我们不是又回到了自然的状态了吗！但是，不管我怎么努力地去思考，我都会得出这样的结论：就算我遵守社会法则，却仍保证不了别人也能遵守。而且，使强者有利于我，让他们和我一起瓜分弱者是我个人的事。与正义相比，这个更加有利于我的利益和安全。一切主权社会都是这样推论的，所以明智而独立的人之也这样认为，因为他们认为主权社会的行为都是只顾它们自己的。

假如我们不想用宗教来帮助道德，并使上帝的意旨直接参与人类社会的联系的话；对于这类言论，一时还真的找不到特别好的理由来反驳。但是，上帝加之于我们的那些美妙的博爱法则、有关上帝的崇高概念、构成智者们所要求于我们的那种真正宗教崇拜的灵魂的纯洁，以及宗教要求我们的种种社会德行总是脱离群众的。大家总是把他弄成一个就像上帝一样冥顽不灵的人，这样的话，大家就可以好向他贡献上一些廉价的商品。以他的名义，大家来保证自己能沉湎于千百种可怕的、破坏性的激情里面去。假如人的声音并不比上帝的声音强，假如哲学和法律约束不了狂热主义的怒焰；那么，全人类立刻就会灭亡，大地也会成为一片废墟。

实际上，如果每个人内心生来就固有自然法则的观念，并认为有权的人就是高高在上的；那他们之间要公开互相进行教导，就完全不那么必要了。如果这样的话，就等于把我们已经知道的东西再教给我们；但是，现在人们所采用的方式更适于使我们把它忘掉。相反，那所有这些根本就不曾被上帝赋予过这些东西的人就不用知道它们了。每个民族就都会有其自己的教诫，一旦需要有某些特殊的教诫时，人们还可以这样说：对我们来说，这是唯一良好的教诫。但如此一来，世界上就没有什么一致与和平了，更多的是屠杀和谋害。

所以，就让我们把各种不同的宗教教条都抛在脑后吧。虽说，运用它们可以免除罪行，但滥用它们所造成的罪行并不比缺少它们所造成的罪行少。这个问题现在就让我们交给哲学家来审查吧，神学家对此问题的理解，从来都是以人类的偏见为标准。

但是，哲学家又把我送回到了人类本身的面前，全体的最大幸福也就是他们所具有的唯一热情，所以只有人类才能做出决定来。他们会这样对我说，为了能懂得我应该做一个人、一个公民、一个臣民、一个父亲、一个孩子各到什么程度，以及什么时候适合于他的生和死，我就应该了解什么是公意。我们的独立人会说：“不可否认，在这一过程中，我确实看到了我可以咨询的准则；但是，我还没有看出使我应该服从这种准则的理由。问题在于向我指明做人公正就会有什么好处，而不在于教导我什么是正义。”实际上，如果公意就是每个个人纯理智的行为，在激情平静的时刻，它能对于一个人所可能要求于自己同类的、以及自己同类有权要求于自己的事物进行推论；那就什么都可以了。但是，这样自己摆脱自己的人，哪里会有呢？不仅如此，假如他很关注保存自己本身就是大自然的首要戒条，这样地普遍看待全物种的方法，我们却不能强迫他做；所以，他根本就看不出和自己的个体组成有任何联系的各种义务，我们也就无法把它加在他自己本身。永远都存在上述的反驳！他的个人利益为什么就要求他必须使自己服从于公意，我们还要拭目以待！

另外还有：既然这样概括出自己观念的艺术是人类理智最艰难而又最迟缓的一种运用；那么，从这种推论方式中，是不是人类的共同点就永远也无法得出自己的行为准则了呢？而当一桩具体行动需要请教公意时，从准则上来说，一个用意良好的人，又有多少次会或者在运用上犯错误，他自以为在服从法则，其实只不过是在追随自己的倾向。但是，他会谛听内心的声音来保证自己不会错误吗？但人们说，而且也是根据社会法则，那种声音之所以形成，就是有社会内部的判断习惯和感觉习惯的原因；所以，那也就不能有助于确定它们。然后，在他的内心里，又必须不能出现任何那样的热情，那高出良心之上的声调淹没了他那怯弱的声音；从而，哲学家们能坚持认为那种声音是并不存在的。他将咨询成文的权利原理、人类敌人的默契约定本身、各个民族的社会行为聚集在一起，这样的话，我们又回到最初的难题上来，而且，它就只是我们根据自己的想象，演绎出其观念并在我们中间所奠定的那种社会秩序而已。按照我们的特殊社会，我们是在设想普遍社会；小共和国的建立，使我们梦想变大了；而我们真正开始变成“人”只不过是在成为公民之后。所以，我们就可以知道，应该怎样来看待这些所谓的世界公民了：他们爱全人类，并以此来证明自己爱祖国，他们之所以吹嘘爱一切人是因为这样可以有权不爱任何人。

在这一方面，推理向我们所指明的已经完全被事实所证实；这一点我们很容易理解，只要回顾一下远古的事情就可以知道。所以，自然权利的观点，以及对于众所周知的健全的博爱观是很晚的时候才传播开的，但是，它们在世界上的发展却很慢，一直到基督教在世界上传播开来的时候，它们才随之充分普及。从查士丁尼[1]的法律中，我们都可以发现，古代的暴力在许多方面是得到认可的，这些暴力不仅仅针对帝国的敌人，而且还包括凡不属于帝国臣民的所有人。所以，罗马的人道并不比他们的统治权伸展得更远。

这正如格劳修斯住处的那样，在很长时期内，人们都相信他自己可以被允许去盗窃、掠夺，甚至可以虐待异邦人（特别是野蛮人），直到把这些人变成自己的奴隶。那么就会出现这样的情形：当陌生人经过的时候，总要问他们是不是匪徒或海盗；这并不会冒犯他们，因为在当时，这种行业被人认为是值得夸耀的，而并不是不光彩的。最早的英雄们之所以不肯进行盗劫，是因为他们在向贼匪作战，如海格立斯和德修斯；而希腊人则是这么做的，他们经常把那些根本并不处于交战中的民族所订的条约，统称为和平条约。长期以来，异邦人和敌人这两个名词，对许多古代民族来说，甚至于对拉丁人来说，就是一个意思。西赛罗说：“凡是我们大多数人不认识的，那对于我们来说，他们就是异邦人”。因此，霍布斯的错误在于他对人类假设了那

1 查士丁尼为东罗马帝国皇帝，527—565年在位，《查士丁尼法典》是古代著名的法律典籍。——译注

种自然状态，并且把本来是罪恶的结果，当成了罪恶的原因，而并不在于他在独立的但已变成了社会人的人们中间确立了战争状态。

不过，尽管人与人之间根本就不存在什么自然而又和谐的普遍社会；尽管他们转变为社会人之后，变得十分不幸，而且还作恶多端；尽管对于那些既生活于自然状态的自由之中，同时又屈服于社会状态的需要之下的人们来说，正义和平等的法则全都是空话。但是，上天已经把我们无可救药地遗弃给人类的腐化了，所以千万不要以为我们就不会有德行和幸福了。我们要努力哪怕是从坏事里面，也要汲取出能够医治人类、解救人类的办法。如果可能的话，让我们以新的结合，来纠正普遍结合的缺点。但愿我们激烈的提问人，能够以成就来评判自己。让我们以完美的艺术，对于艺术开始给自然所造成的灾祸，像他指出的那种补偿吧；让我们知道，他认为是健全的那种推论是谬误的，他认为幸福的那种状态是悲惨的。从事物的更美好的体制里，希望他能看到对坏事的惩罚、正义与幸福有着可爱的一致以及善良行为的代价。我们要用新的知识，来开导他的理性；以新的情操，来温暖他的心灵。希望他在自己的伙伴们谈论生命的价值时，能对我刚才提到的这些有了更好的领悟。假如在这件事情上，我是非常热诚的，但这并没有使我盲目；那么，在有着强劲的灵魂和正直感的我的带动下，那个人类的敌人，也许会放弃他的仇恨，放弃错误的、引他误入岐途的观点，重新回到人道主义上来。他还学会了：与自己的表面利益相比，自己已经很好地理解到的利益更令他喜欢；他就会变得善良、明智、高德，甚至最终会变成一支他想成为的 悍队伍；在一个秩序良好的社会里，他就会变成最坚固的支柱。

附录二：卢梭小传

卢梭是法国著名思想家、哲学家、教育家、文学家，18世纪法国大革命的思想先驱，启蒙运动最卓越的代表人物之一。他是享誉世界的《百科全书》的撰稿人之一，主要著作有《论人类不平等的起源和基础》、《社会契约论》、《爱弥尔》、《新爱洛伊丝》、《忏悔录》等。

1712年6月28日，卢梭生于瑞士日内瓦，父亲是一个技艺高超的钟表匠，母亲是一位牧师的女儿。卢梭刚一出生，母亲就去世了。在父亲的带动和指导下，卢梭从小就阅读了大量小说，以及古希腊、古罗马的文学作品。古希腊、古罗马的英雄给卢梭留下了深刻印象，令他敬佩不已，而且，这些英雄身上洋溢着的民主精神和自由意志，深深打动了幼年的卢梭。应该说，卢梭的成长，得益于他的父亲。他父亲嗜书如命，经常在晚饭后与儿子一起读书，有时候甚至通宵达旦。正是这样一种氛围，使卢梭养成了读书的习惯，并且习惯于深入思考各种问题。

10岁那年，卢梭被送到一位牧师那里。两年内，他学会了拉丁文。13岁至15岁，卢梭在一个脾气暴躁的镂刻师的店铺当学徒，由于卢梭天性自由散漫，不服管教，所以常常受到师傅的指责和惩罚。在忍受了两年之后，卢梭终于如愿以偿地逃离，只身来到法国。

事实上，法国算是卢梭的祖籍。卢梭的祖父是法国人，因为逃避宗教迫害，才背井离乡移居瑞士。从血统的意义上讲，卢梭是法国人。

在法国，经一位朋友介绍，卢梭认识了华伦夫人。这个雍容华贵的女人，对于卢梭的一生，以及学术成就，都有难以估量的影响。初见华伦夫人的时候，卢梭极为吃惊，在他的想象中，华伦夫人应该是一位稳重、威严或者和蔼的老妇人。没想到，华伦夫人很年轻，而且极为漂亮，举止优雅，韵味无穷。在多年的漂泊之后，卢梭终于找到了一个可以依靠的人！可以说，华伦夫人是卢梭生命中的第一个港湾，她给了卢梭第一份爱情，做了他的情妇。同时，华伦夫人成了卢梭的养母和保护人。

卢梭在自传体小说《忏悔录》中，用一种动人心魄的文字来描述他第一次见到华伦夫人的情景："我现在所见的是一个风韵十足的面庞，一双美丽的蓝色眼睛，充满柔情；光彩夺目的肤色，令人心旌摇荡的胸部轮廓——我这个新入教的年轻信徒，一眼便把她完全看遍了。"

华伦夫人准确地把握了卢梭的性格，敏锐地发现了这个年轻人身上蕴含着的非凡天赋。她建议卢梭畅游欧洲，在长途旅行中提升自己。这一提议颇合卢梭的心意，他本人早就养成了游山玩水的习性，在大自然中，他觉得比在人群中更为舒畅。在华伦夫人的资助下，卢梭遍游欧洲。在阿尔卑斯山的高峰，卢梭置身于美丽的风光中，俯瞰广袤的大自然，体验到了前所未有的快乐。在卢梭一生中，大自然的美和淳朴，一直是他人生观中最重要的参照物，通过它来反观人类社会的污浊和复杂。每一次旅行中，大自然与田园生活的美，都会促使他对人类社会进行更深的思考，尤其是人类社会中并不美好的那一面。

与华伦夫人的交往，不仅使卢梭有更多机会接触大自然、亲身体验欧洲各地风俗，而且使他对音乐产生了浓厚兴趣。华伦夫人擅长弹唱，经常在家里举办音乐沙龙。卢梭因此认识了很多音乐家，音乐修养迅速加强。不仅如此，卢梭还通过不断地摸索，发明了一种用数字代替音符的简易记谱法，即以数字1、2、3、4、5、6、7来代替Do、Re、Mi、Fa、So、La、Si音阶。卢梭专门写了一本书，叫做《音乐记谱法》。这本书极具独创性，卢梭也意识到了这一点，相信自己的简易记谱法可以改变音乐史。他还撰写了《现代音乐论》一文，并将该文以及简易记谱法带到巴黎，呈交给巴黎科学艺术院，希望能获得肯定。但科学艺术院的委员们并不像卢梭那么想，他们觉得卢梭的想法并无重大意义，于是在简单讨论过后，发给了他一张无用的奖状，并做了口头表扬。卢梭没能如愿以偿地获得肯定和名望，只好将手稿重新整理，找到出版商，以《现代音乐论》为书名出版。可惜，这本书的销量很差，满怀希望的卢梭又一次失望。

卢梭与华伦夫人的浪漫生活，持续了大约十年。可以毫不夸张地说，如果没有华伦夫人的支持和关爱，历史上就不会有这位非凡的卢梭。是她给青年卢梭提供了一个安稳的环境，让卢梭得以游历、思考和创作，并为日后的学术打下了基础。

华伦夫人比卢梭年长11岁，出身名门望族。为了逃避一段不幸的婚姻，她偷偷逃到法国，并得到了法国国王的庇护。不但如此，法国国王还给了她每年一千五百银币的固定收入。正是因为这份不薄的收入，华伦夫人才能给卢梭提供非常安逸的生活环境。卢梭对于这个兼具母亲、老师与情人身份的女人，是非常依恋的。据说，某天吃饭的时候，卢梭看到华伦夫人把一片肉送进嘴里，便开玩笑说，肉上面有一根头发。华伦夫人立即把肉吐到盘子里，卢梭却飞快地用叉子叉起来，一下子吞到肚子里。

卢梭与华伦夫人的关系，经历过五次聚散离合。在长期漂泊和奔波的间隙，卢梭总是会回到华伦夫人身边。他们的每次相见和相处，都是卢梭的一次调整和跃升。

在离开华伦夫人的日子里，卢梭当过家庭教师、书记员、秘书等。关于他的逸闻趣事很多，大多体现了卢梭惊世骇俗的个性，以及处处碰壁的坎坷人生。也许，正是与社会的不断冲突，让他的思想越来越成熟。

1750年，卢梭的文章《论科学与艺术》获得第戎科学院的征文头奖，这使卢梭一举成名。该文主旨，是否定艺术和科学的价值，并以巴黎社会中的事实作为论据。从中可以清晰地看到，卢梭对当时的社会充满了怀疑乃至憎恶。他甚至斥责科学、文学和艺术，认为这些东西不再纯粹，而是带有明显的强权特征。

1756年，崇尚自然的卢梭搬到了乡下，住在一座环境优美的小房子里。隐居生活开始了。十五年的巴黎生活，让他对城市生活深恶痛绝。在当时的巴黎，卢梭的大名已经人所共知。只要他愿意，他完全可以在巴黎以一个上流人士的形象生活下去。但是卢梭放弃了这种丰裕的生活。卢梭认为，为面包而写作，会毁灭自己的才华。

在这里，卢梭隐居了6年。期间完成的著作很多。如讨论政治学的《社会契约论》，以及自传体小说《新爱洛伊丝》，以及后世极为推重的儿童教育学经典《爱弥尔》。

《爱弥尔》简述了卢梭独特的教育思想，比如，儿童教育要区分男女，分别对待；而且，“要尊重儿童，不要急于对他作出或好或坏的评判”；教育一个儿童，“问题不在于教他各种学问，而在于培养他爱好学问的兴趣，而且在这种兴趣充分增长起来的时候，教他以研究学问的方法。”这些观点，即使在二百多年后的今天，仍然是至理名言。可惜的是，在卢梭的那个年代，这本书却遭到猛烈的攻击。它被政府和教会视为异端邪说，被列为禁书。连知识界的朋友们也群起而攻之。幸运的是，这本书最终还是冲破了偏见和封锁，对后来的教育学说产生了深远影响。卢梭的《爱弥尔》，是一场教育界的哥白尼革命，其要点在于：卢梭之前的正统教育，是以成人为标准的，完全不顾儿童的特性；而卢梭却大声疾呼，要求尊重儿童的个性，完全置传统于不顾。

这一期间的另一部著作《社会契约论》，是世界政治学史上的经典著作之一，书中的政治观点对法国大革命产生了极大影响。而另一部自传体小说《新爱洛伊丝》则是一部畅销书，被翻译成多种语言，风靡整个欧洲。

隐居生活并不安宁。《爱弥尔》惹恼了政府，官方派人前来逮捕他，要将他打入大牢。卢梭仓皇出逃，到瑞士避难。

瑞士政府也不喜欢卢梭，强令他一天之内出境。卢梭又到了普鲁士，待不下去后又去了英国，但都不顺利。不得已，卢梭重回法国，但采用的是隐姓埋名的方式。在这段不得已的“隐居”生活中，他完成了《忏悔录》、《漫步遐想录》、《山中书简》、《公民的情感》等著作。

卢梭的《忏悔录》是一部自传，是世所仅见的奇书。《忏悔录》一开篇，卢梭就宣布：“我现在要做一项既无先例，将来也不会有人仿效的艰巨工作。我要把一个人的真实面目赤裸裸地揭露在世人面前。这个人就是我。”书中记录了一个真实的卢梭。他的智慧，坦诚，自由，以及软弱，卑微，苟且，都刻画无疑。他毫不隐晦地记录了自己的贪婪和吝啬，坦白自己有偷盗的习惯，曾经背叛过朋友，调戏过妇女，有过暴露癖，撒过谎，行过骗。比如，书中记录了卢梭年轻时犯的一个错误，有一次，他偷了主人家一颗贵重的纽扣，却把事情赖在一个女仆身上，使那个女仆蒙受了不白之冤。这种自暴隐私的做法，使某些同时代的名流对卢梭颇为鄙视。即使在百年之后，仍然有人对卢梭的品质不屑一顾。可我们不得不佩服卢梭的大胆和坦诚，而且，在这种真诚得透明的人生中，我们可以体会到一种神性的光辉。

书中有这样的话：“当时我是什么样的人，我就写成什么样的人；如果当时我是卑鄙龌龊的，就写我的卑鄙龌龊；如果当时我是善良忠厚、道德高尚的，就写我的善良忠厚和道德高尚。万能的上帝啊！我的内心完全暴露出来了，与您亲眼所见完全一样。请您叫来众生，让他们站到我面前！……让他们每个人在您的宝座前面，同样真诚地披露自己的心灵，看看有谁敢对您说：'我比这个人好！'"

这段话让人想到圣经中的场景：一群人准备用石头惩罚一个妓女，耶稣前来对众人说，如果你们当中有谁没犯过错，就可以打她。结果，众人一个个丢下石头，低头离开。

在现实世界中，能够丢下石头、低头离开的人并不多。当局以及知识界的朋友，大部分都对卢梭表示敌意。这让本就性格极端的卢梭越发偏执，以至于对那些友好的朋友，仍然采取怀疑和敌视的态度。他几乎同所有的朋友都吵过，都闹翻过。在卢梭最后的二十年里，他被深深的痛苦纠缠着。

1778年，卢梭在法国去世。法国资产阶级革命之后，1794年，卢梭的遗体被迁至巴黎先贤祠，移葬仪式非常隆重。

卢梭生活的时代，是欧洲宗教势力逐渐衰退，而启蒙思想刚刚兴起的时代。卢梭之所以能够成为启蒙运动的思想领袖和旗帜，与他的性格、经历有很大关系。他崇尚自然、酷爱自由以及放荡不羁的性格，直接决定了他的哲学特质。

卢梭主张感觉是认识的来源，坚持"自然神论"；强调人性本善，信仰高于理性。这种观点，必然会尊重人的本能和自由，而在当时的历史环境下，尊重人的自由意味着不得不反对某些社会规范，甚至不得不反抗僵化腐败的政府。所以，虽然卢梭并不是一个地地道道的革命者，但他的思想足以成为社会革命的旗帜。

崇尚自然，是卢梭思想的核心。他的所有观点，都可以从这一点上得到更清晰的认识。比如在教育问题上，他批评封建教育压制儿童的天性，不能够顺其自然地根据儿童的特点施教，强硬地把成人化的教育强加在儿童身上。在卢梭看来，这种教育无疑是违背自然规律，只能使儿童失去上天赐予的天分，成为教育的牺牲品。卢梭为了说明传统教育方式的失败，以及自己的教育观点的有效，专门塑造了一个趋于完美的爱弥尔，他既有哲学家的头脑，又有劳动者的身手，而且有改革家的品德。

在政治学方面，卢梭以《论人类不平等的起源和基础》以及《社会契约论》奠定了在学术史上的地位。他强烈批判了私有制，认为私有制是人类不平等的根源，它使阶级剥削和压迫成为可能，滋养了所谓“文明社会”中的一切罪恶活动。解决问题的关键，在于缔造一种合理的社会契约，而要想做到这一点，就必须让每一个公民认识到自己的权利，并努力争取。

卢梭的以上思路，不难看出一点：解决社会问题的关键，还是个人的觉醒和抗争。这个隐含的线索，使他的政治学论述，骨子里仍然是一种对个性和自由的讴歌。

卢梭对个性的推崇，对于自然和朴实的追求，使他又成为十九世纪欧洲浪漫主义文学的先驱。他有三部作品被视为浪漫主义文学的代表作：《忏悔录》、《新爱洛伊丝》、《漫步遐想录》。在《新爱洛伊丝》之前，还没有哪部作品把大自然的美丽风光写进小说，更少有作品明目张胆地将爱情当作人类的高尚情感来歌颂。在卢梭之前的古典主义文学，描写感情是为了谴责感情，而《新爱洛伊丝》却毫无保留地肯定它。

《漫步遐想录》是卢梭的最后一部作品，全书尚未完成，卢梭就去世了。这部作品被视为《忏悔录》的续篇，真实记录了卢梭的晚年生活，文辞华美，气氛孤独而忧郁，生动描画了卢梭丰富的内心世界。

卢梭生前以及身后对于整个世界的影响都是巨大的。人们赋予他思想家、哲学家、教育家、文学家等头衔，并从各个方面进行研究。只要人性没有太过离奇的改变，这种研究就会继续下去。在我看来，无论这种研究多么复杂、深刻、影响深远，其根源只在于卢梭独特的个性：热爱自然，重视自由，真诚地对待自己，对周围的一切充满热爱。